W0290099

Rien n'est impossible

DU MÊME AUTEUR
AUX ÉDITIONS STOCK

Hippocrate aux enfers, *Stock*, *2015*
Vivez mieux et plus longtemps, *Stock*, *2016*
Votre cerveau, *Stock*, *2017*
Chers hypocondriaques…, *Stock*, *2018*
Sur l'amour, *avec Patricia Chalon, Stock*, 2020

Michel Cymes

Rien n'est impossible

Mon histoire pourrait être la vôtre

Stock

Cet ouvrage a été conçu avec la complicité
de Minou Azoulai, Pascal Delannoy
et Patrice Romedenne

Couverture Rémy Tricot
Photo auteur : © Patrice Normand

ISBN 978-2-234-09371-3

© Éditions Stock, 2022

À Romain, Martin, Élias, Carla. Mon avenir.
À Nath. Mon présent pour toujours.
À Glika, Nathan, Anna, Franck. Mon éternité.

Un livre

Cher Éric,
Cher patient,

Je me rappelle que vous vous appelez Éric. Je ne me rappelle pas votre nom de famille mais c'est sans importance car dans le cas contraire, étant tenu par le secret médical, je ne me permettrais pas de le rendre public.

Le 26 mai 2021, à 10 h 45, vous êtes venu me voir à l'hôpital Georges-Pompidou comme vous l'avez régulièrement fait pendant des années. Ensemble, nous avons échangé sur ces problèmes d'audition qui vous enquiquinent. Il est possible que vous m'ayez trouvé différent des autres fois, que vous ayez capté dans mon attitude quelque chose qui s'apparente à une forme de trouble. Il est vrai que je vivais une matinée particulière.

Quelques heures plus tôt, j'avais débarqué au service ORL de l'hôpital les bras chargés de belles bougies que j'ai offertes aux infirmières. J'avais aussi reçu la visite surprise de deux patientes qui n'avaient pas rendez-vous. L'une m'a offert une boîte de chocolats, l'autre, un pot de confiture. Ce matin-là, je n'ai pensé qu'à ça… Je me suis efforcé d'avoir la plus haute conscience possible de chacun des gestes que j'accomplissais, comme pour en éprouver l'esthétisme. Car s'il n'est rien de plus banal que d'enfiler une blouse de toubib, rien de plus naturel pour un ORL que d'utiliser un fibroscope, il est bouleversant de se dire qu'on fait tout cela pour la dernière fois de sa vie. L'ordonnance que je vous ai signée, c'est la dernière d'une carrière longue de quarante-cinq ans. Car vous étiez, cher Éric, mon dernier patient.

Je me rappelle que vous m'avez sobrement dit « Merci pour tout » et que j'ai failli, en retour, me fendre d'autant de gratitude à votre endroit parce qu'il est valorisant de sentir qu'on inspire confiance et d'admettre sa propre utilité. Après votre départ, j'ai ôté ma blouse en prenant bien le temps, là encore, de mesurer la signification du geste. J'ai hésité, je me suis dit que l'hôpital ne m'en voudrait pas de la lui piquer comme on conserve une relique, j'ai rangé mes affaires puis ouvert la porte de mon cabinet, pourvue d'une plaque indiquant « Dr Cymes ». Vous allez sourire : je me suis mis devant la porte et j'ai fait un *selfie* ! Je n'ai pas organisé de pot d'adieu parce que ce rituel m'indispose : ça oblige à prendre la parole, je me sais émotif, j'aurais été mal à l'aise, peut-être même aurais-je eu la voix cassée par mon trouble ; gênant, pour un ORL ! Dans le couloir, un homme était là. Mon chef de service, le professeur Pierre Bonfils. Un pote de longue date : nous nous connaissons depuis nos jeunes années d'internat. Il m'a dit qu'il tenait à être là parce qu'il savait que c'était ma dernière consultation. Nous nous sommes salués avant que j'emprunte pour la dernière fois l'un de ces couloirs de Pompidou qui m'ont toujours paru interminables, sensation accentuée en ce jour particulier. J'ai marché, marché, marché d'un pas lent, senti, étrangement, que mon chef de service me regardait jusqu'au bout de ce couloir sans fin, ce qu'il me confirmera par la suite…

Tout cela, je l'ai vécu avec un pincement au cœur permanent. Mais, le lendemain, j'étais passé à autre chose, sans doute mûr pour un autre projet : celui de me raconter. Je dois à la vérité de vous dire que ce ne sont pas les sollicitations qui ont manqué depuis des années. Mais je n'avais jamais entrevu l'intérêt de disserter sur une vie qui, si elle m'a souvent comblé par sa diversité et sa richesse d'expériences, parfois ébranlé par les accidents qu'elle réserve à chacun d'entre nous, ne prétend pas à la postérité. Je n'ai rien accompli qui mérite une distinction particulière, rien inventé qui ait révolutionné notre époque, rien fait qui justifie de grandiloquentes mémoires et j'ai toujours considéré qu'un médecin raconte d'abord les autres, ses patients. Mais, au fil des années, mes refus initiaux se sont mués en réticences, puis en hésitations, puis en questionnements, jusqu'à l'acceptation du projet dont je n'ignore pas les écueils auxquels il m'expose. J'entends déjà certaines critiques. À la limite, je les comprends. « Mégalo ». « Autocentré ». Soit. Admettons. Et quand bien même… Tout cela n'a rien d'incompatible avec cette envie d'aider qui, toujours, m'a dévoré. C'est elle qui, il y a quelques années, m'a conduit à écrire *Hippocrate aux enfers*, livre consacré aux expériences médicales des médecins nazis dans les camps d'extermination. À l'époque, j'étais – je le suis toujours ! – conscient de ne pas être historien et je m'interrogeais sur ma légitimité à écrire sur un drame que je n'avais pas vécu. Mais, tourmenté par toutes les questions que posait cet épisode historique, j'avais admis que je pouvais contribuer à mieux le faire connaître en m'appuyant sur une notoriété acquise au fil de mes émissions à la radio ou à la télévision. Et j'en avais été récompensé au-delà de mes espérances, comme vous le verrez dans un des chapitres...

Ce livre participe de la même démarche : aider celles et ceux qui, comme moi, voient en la vie l'opportunité qui nous est donnée d'accomplir ces choses qui nous rendent heureux. Car qu'est-ce qu'une vie réussie, sinon une vie au soir de laquelle on consent à dire qu'elle fut heureuse ? Même si rien ne semble écrit d'avance. Ou plutôt parce que, précisément, rien n'est écrit d'avance. Mon enfance, mes racines, mon histoire familiale, vous ne trouverez rien, dans le récit que j'en fais pour la première fois, qui prédispose à la pratique exigeante de médecin spécialiste, rien non plus qui augure le parcours médiatique qu'il m'est donné d'accomplir. Pourtant, tout cela est arrivé. M'est arrivé. Pourquoi ? Ai-je eu de la chance ? Peut-être. L'ai-je provoquée ? Sans doute. M'a-t-elle coûté des polémiques, des inimitiés ? Certainement. A-t-elle récompensé un travail ? Assurément. M'a-t-elle choyé par de belles amitiés, nourri de la bienveillance d'autrui, repu de plaisirs variés ? Passionnément. Me promet-elle de fastueux projets ? J'aime à le croire au moment où la France prépare l'organisation des Jeux olympiques dans lesquels je vais m'investir à fond. Cette vie, je pourrais remercier le Créateur de me l'avoir réservée. Mais comme j'ai un doute sur son existence, ce sont ceux qui l'ont rendue possible que j'entends saluer : mes parents auxquels j'estime tout devoir ; mes grands-parents emportés par la Shoah ; les personnes qui m'ont guidé, parfois blessé, toujours porté ; le public qui me témoigne son soutien ; et la France, cette France à qui vous verrez que j'ai parfois des reproches à faire mais que j'aime profondément.

Dans ce monde où tout se dit trop vite pour être aussitôt oublié, je crois le moment venu pour moi de faire une mise au point. Entre le temps médiatique, trop rapide bien qu'il me soit arrivé de m'y conformer, et le temps scientifique, sérieux et raisonnable, se trouve le temps de l'écrit, du livre. *Rien n'est impossible* aurait pu s'intituler *Toubib or not toubib ?*. Car au fil des pages vous croiserez les deux profils, le premier suivant une ligne directrice professionnelle stricte, le second empruntant les chemins buissonniers de la médiatisation, l'un et l'autre n'émanant et ne témoignant cependant que d'une seule et même personne, votre serviteur. Cette dualité me conduit à tenir le discours sage de la prévention en matière de santé publique tout en défendant une vision pétillante, insouciante et optimiste de la vie. En m'appuyant sur mon vécu. Je fais l'un et l'autre avec honnêteté et lucidité. Oubliez le personnage public ! Attachez-vous au médecin et à l'homme.

Il m'est arrivé de ne pas aller au bout de ce que j'entreprends : la peur, la paresse, les pressions, le « syndrome de l'imposteur »… Mais cette fois je ne reculerai pas. Je vous livre ici mon histoire, peut-être pourra-t-elle éclairer la vôtre. Le fruit est mûr, cueillez-le avant qu'il se gâte.

Alors ? *Toubib or not toubib ?*

À vous de voir, cher Éric, chers patients, chers lecteurs. Moi, je n'ai qu'une certitude, l'un et l'autre n'ont pas fini de se tirer la bourre car l'un le sait aussi bien que l'autre : rien n'est impossible, même l'invraisemblable…

Le choc

Le jeudi 3 mars 2022, pour la quatorzième fois de ma vie, je suis allé acheter deux bouteilles de champagne et des gobelets en carton à la supérette de La Clusaz, station de ski où je passe une semaine chaque année. J'ai fourré mes emplettes dans un sac à dos et pris le télésiège du Crêt du Merle. Sans skis aux pieds. Juste de bonnes chaussures qui, là-haut, m'ont permis de traverser le front de neige sur quelques dizaines de mètres pour aller m'installer au pied du *snowpark* de la station. Là, j'ai attendu mes potes à qui j'avais donné rendez-vous, comme tous les ans. J'ai ouvert mon sac, sorti les bouteilles, les ai calées dans la neige. Ils sont arrivés les uns après les autres. L'ambiance était joyeuse, comme toujours. J'ai distribué les gobelets puis fait péter les bouchons et on a trinqué, tous en chœur :

– À la vie !

On s'était mis un peu à l'écart de la piste pour ne pas gêner les skieurs qui passaient par là et ont dû se demander dans quel esprit tordu avait pu naître cette drôle d'envie de tremper ses lèvres dans du champagne au milieu de nulle part ; ce n'était en effet ni le lieu, ni le moment. Il était 16 heures. Et pour peu qu'ils soient passés au même endroit à la même heure l'an dernier, ou il y a deux ans, ou n'importe quelle année depuis quatorze ans, ils auraient sans doute eu l'impression d'avoir déjà vécu la scène : une dizaine de clampins buvant le champagne sur une piste de ski. On fait ça tous les ans.

S'ils savaient…

S'ils savaient, d'abord, que je n'aime pas le champagne ! Mais là, je le goûte. Parce qu'on associe souvent son pétillement à la fête, aux bons moments, à l'amitié, à la vie, oui, j'en bois quelques gouttes. Ici. Forcément ici. Au pied du *snowpark* de La Clusaz et nulle part ailleurs.

Parce que c'est ici que j'ai vécu le premier jour du reste de ma vie.

J'aime le ski. J'y vais tous les ans. La semaine à ne pas rater, c'est celle qu'on passe avec nos amis. À une, deux, trois, quatre, parfois jusqu'à sept familles ! Tout le monde dans le même hôtel, des rires permanents, des bouffes épiques, une évidente complicité et, pour tenter de coordonner tout ça, un fil WhatsApp qui vibre H24. Accessoirement on skie, on vient aussi un peu pour ça, non ? Et en cette dernière journée des vacances scolaires de l'hiver 2008, nous ne saurions bouder notre plaisir : ciel d'un bleu parfait, neige moelleuse et feutrée. Il n'est guère que la perspective de devoir rentrer qui pourrait me valoir la bouderie de Romain, onze ans, qui entend bien profiter des dernières heures qui l'éloignent de l'école. Joies du ski à deux, père et fils. Ce jour-là, Romain insiste pour faire un tour au *snowpark*, un espace aménagé pour les acrobaties et les sauts en tout genre. J'hésite. Je bougonne. J'aime bien les défis mais ce n'est plus de mon âge. Mais Romain vendrait du sable aux Touaregs. Il sait s'y prendre avec son papa. Il achève de me convaincre. Nous voilà en haut du *half-pipe*, une piste de forme concave, large en son sommet, plus étroite à l'arrivée, creusée dans une neige dure. Le principe : skier selon une trajectoire latérale, perpendiculaire à la pente, en zigzag. *Zig*, je monte, le plus haut possible. *Zag*, je descends, le plus vite possible. Et on recommence de l'autre côté de l'entonnoir, et on enchaîne. Romain me montre. Il s'amuse. Moi pas. Je me méfie du ridicule : je la vois venir, la scène du grand dadais de père qui joue à l'ado et termine les quatre fers en l'air... Je respire un grand coup, je me lance, *zig*, je décolle, *zag* et *boum* ! Je tombe à plat ventre. Souffle coupé. Douleur aiguë sur le côté gauche. Romain rit. Moi pas. Il m'aide à me relever. Nous repartons. Romain est content. Moi pas. Plutôt penaud, néanmoins stoïque. Je sais que je n'ai rien de cassé, je prends des antalgiques. La douleur se calme. Retour à Paris, je reprends le travail.

S'écoulent quelques jours et j'ai toujours mal au côté gauche. Une radiographie s'impose. Elle révèle une côte fêlée. Contre ça, il n'est rien qui puisse être fait, sinon attendre. Mais si cette fêlure explique la douleur, elle ne justifie ni mes troubles digestifs, ni ma fatigue permanente, ni ces urines de couleur sombre. Ces symptômes cristallisent en une sourde inquiétude et je me demande si la rate, située derrière la côte, ne serait pas touchée. Ayant toujours conseillé aux autres de ne pas ignorer des symptômes persistants, il est temps que je m'écoute. Toubib un jour…

Je prends rendez-vous avec le professeur Christophe Cellier, mon collègue et ami gastroentérologue à l'hôpital Georges-Pompidou. Rien à l'examen clinique. Il me demande de passer un scanner, histoire de vérifier que tout va bien. Je sors de son bureau, rassuré. En fait, pas tant que ça. Je reviens sur mes pas. Intuition :

– Christophe, puisque je passe un scanner, rajoute les reins sur l'ordonnance…

Direction le sous-sol de l'établissement, dans ces salles futuristes où tout se voit, tout se sait de vous. Je m'allonge sur le tube qui glisse lentement. À la sortie, alors que nous plaisantions pendant qu'il m'installait, le manipulateur radio change de ton. Son sourire s'est crispé. Pas d'affolement pour autant.

– On va vous faire une petite injection, pour vérifier les reins.

Vingt minutes plus tard, le radiologue demande à me voir dans son bureau. J'entre. Christophe Cellier est là lui aussi... Instantanément, j'interprète sa présence comme une mauvaise nouvelle dont, en état de sidération, la vue et l'ouïe brouillées, je perçois l'essentiel même si tout semble provenir de voix lointaines, comme étouffées par mon anxiété. Le diagnostic a pourtant été clairement énoncé. Brièvement mais clairement : j'ai une tumeur à cellules claires sur le rein gauche. La tumeur mesure 3,5 centimètres. Elle grossit en général assez vite. À partir de 4 centimètres, il y a un risque de métastase. C'est un cancer. Et c'est de moi qu'on parle ! Brutalement, je ne suis plus toubib !

J'ai souvent eu à m'exprimer publiquement sur ce moment crucial que constitue l'annonce du pire dans l'intimité du colloque singulier médecin-malade. Il faut nommer les choses, laisser passer quelques jours, le temps que faiblisse la tornade qui s'empare du corps et de l'esprit, attendre que la conscience reprenne le dessus avant de se revoir pour parler traitement ou pronostic. Certains patients ne veulent pas savoir. D'autres exigent la vérité. Moi ? Je rentre à la maison en mode automatique. Une armure intérieure m'étreint. Ça n'arrive donc pas qu'aux autres… Dîner en famille. On parle de tout, on rit encore de ma chute. Suis-je à ce point ailleurs ? Intuitive, ma femme ne me quitte pas des yeux, m'interroge du regard : je la convaincs que la journée a été épuisante et que j'ai besoin d'une longue nuit de sommeil. Je me couche, sonné.

Le lendemain, j'entre en tremblant dans le bureau du professeur Arnaud Méjean. Il est urologue. Je m'assois. C'est le genre de moment où le silence ne présage rien de bon. De fait, un flot de larmes vient le combler. Je pleure comme un enfant, m'effondre en voyant fuir de toutes parts les images du clip du bonheur : la neige, la chute, ma femme, mes enfants, mes parents, les rires, la lumière du Sud ; une vie en confettis. Comme au moment de l'accident de voiture dans *Les Choses de la vie*, le si beau film de Claude Sautet. C'est ainsi, je vais peut-être mourir ! Moi, le médecin. Moi, l'invincible.

Arnaud Méjean s'installe près de moi ; sans mot dire, il me prend la main pour m'assurer de sa bienveillance. Il est plus jeune que moi, je sais sa réputation assise sur une compétence qu'il a maintes fois prouvée au bénéfice d'autres patients. Souvenez-vous, en 2005, Marie et Richard Berry : c'est lui, Arnaud, qui avait réalisé la greffe du rein de Richard pour sa sœur. La réalisatrice Minou Azoulai en a fait un film, *Chronique d'une greffe annoncée*, diffusé sur France 2 et Marie Berry un livre, *Le Don de soi*. Je vide un grand verre d'eau, respire profondément et j'entends Arnaud Méjean me proposer une intervention immédiate pour enlever la tumeur et la moitié du rein. Une solution rapide, radicale, mais *a priori* une garantie à cette étape de la maladie. J'accepte. Évidemment. Et plus vite ce sera fait, mieux ce sera. Je comprends soudain ma chance d'être tombé dans ce *half-pipe*, d'avoir dû consulter, d'avoir eu cette intuition en sortant du bureau du professeur Cellier ; la chance d'être médecin aussi car me voilà pris en charge dans l'un des meilleurs hôpitaux d'Europe. À l'examen de cet enchaînement d'événements, je conclus que mon petit ange s'est manifesté, et tant pis si je passe pour une midinette en l'évoquant ! Ce petit ange, je le connais, il est déjà apparu pendant mes études de médecine puis dans ma carrière, toujours au bon moment, avec la bonne personne… Cette fois encore, il a fait le job à temps. Car il faut savoir que, médicalement, le cancer du rein, silencieux, pernicieux, est de ceux qui peuvent évoluer dans le mauvais sens ; il peut métastaser rapidement. En l'absence de contrôle régulier, il gagne souvent la partie. C'est la même tumeur, dépistée trop tard, qui a emporté Bernard Giraudeau. Pas cette fois : le cancer ne s'est pas développé, je l'ai eu, ils l'ont traité, je suis vivant ! Opération réussie, secret bien gardé, sous prétexte d'un voyage professionnel.

Aujourd'hui, quatorze ans plus tard, je suis tiré d'affaire. Ma femme m'a accompagné avec douceur et empathie. Mes collègues ne m'ont pas lâché. Certes, un contrôle régulier reste nécessaire : chaque année, la boule au ventre, je fais un scanner et ma foi, jusqu'ici, tout va bien ! Quelques intimes savent. Pas mes parents, ni mes amis. Romain ? Je lui ai tout raconté des années plus tard. Il a blêmi. Mais je lui ai aussitôt fait remarquer qu'il m'avait en quelque sorte sauvé la vie grâce à sa force de persuasion et à nos pitreries au *snowpark* qui ont permis de débusquer ce cancer. Comme quoi, le ridicule du papa étalé dans la neige ne m'a pas tué ; au contraire, il m'a sauvé.

Pour d'autres, qui liront ces lignes, ce sera une révélation. Ils s'étonneront peut-être que je n'en aie pas parlé plus tôt. Je n'avais pas envie de le faire pour ne pas risquer de donner dans le mélo sur le mode bravache du rescapé : « Oui, je sais, je suis passé par là, voyez comme l'on peut s'en sortir ! » C'eût été insulter le réel ; parce qu'on n'en sort pas toujours, la moitié des cancers du rein ne guérissant pas. Donc motus. En outre, je me voyais mal en porte-parole des cancéreux, chaque cas étant particulier. Je discerne, dans cette retenue, l'expression de la moindre des politesses voire d'une pudeur qui pourra surprendre, eu égard à ma médiatisation. Mais c'est ainsi. En plus, étant très à cheval sur le secret médical, je m'imaginais mal dévoiler le mien face à de potentiels patients qui, eux aussi, connaissent des accidents de vie. Seule compte leur santé. Seule importe leur histoire que rien ne doit polluer. Ils attendent de moi que je les informe, que je les écoute, que je les rassure, que je les soigne. Quand ils consultent le médecin, ils ne rendent pas une visite de courtoisie à l'homme.

Mais le temps a passé. Et si je m'épanche un peu aujourd'hui, c'est pour faire passer un message : ayez confiance en la médecine, en ses progrès fulgurants ! Elle protège, elle prépare au combat, elle aide à positiver, à affronter le crabe pour nous offrir le luxe de mourir d'autre chose. Le plus tard possible, il va sans dire. Oui, ayez confiance en la science et affranchissez-vous de toute surinformation, échappez à la boulimie d'Internet. Je connais trop ce réflexe qui conduit à se ruer sur le web à la moindre alerte, par envie de tout savoir, par besoin de démêler le vrai du faux au risque d'être confronté à un catalogue de balivernes. Pendant mon cancer, je n'ai lu qu'un seul article sur le sujet. J'ai préféré me fier à ceux qui me soignaient. Ils n'ont pas failli, je les remercie encore ! Alors oui, définitivement, ayez confiance en eux et en la recherche. Ils sont au front d'une guerre dont ils remportent de plus en plus de batailles. Aujourd'hui, 60 % des cancers guérissent parce que les thérapeutiques sont mieux ciblées, adaptées à l'analyse histologique des tumeurs et les effets secondaires des traitements, atténués.

L'autre vecteur du succès, c'est le dépistage. Plus il est précoce, plus on traite en douceur. C'est pour cette raison que, dès janvier 2011, avec des urologues, j'avais lancé une campagne d'information sur le cancer de la prostate, l'un de ceux qui se soignent le mieux dès lors qu'on fait preuve de vigilance. Le slogan ? « Ne passez pas à un doigt du diagnostic ! » Oui, je sais, mon côté potache… Reste que le toucher rectal d'un urologue est un acte médical au même titre que l'examen gynécologique pratiqué sur une femme. Certains professionnels ont mal perçu cette campagne, jugée osée, mais nous avons au moins sensibilisé la population concernée, les quinquas et plus…

Le côlon et les seins font aussi partie des dépistages indispensables que l'Assurance maladie prend en charge. D'autres initiatives se profilent, parmi lesquelles la détection précoce par scanner thoracique du cancer du poumon, pathologie douloureuse et vicieuse car susceptible de se développer sans symptôme, que l'on soit fumeur ou pas. Ces avancées sanitaires vont de pair avec une libération de la parole. L'évocation d'un cancer ne passe plus par la périphrase « la longue et douloureuse maladie ». Les mots retrouvent leur sens, le témoignage, son utilité. On raconte, on se raconte. La presse féminine, pionnière dans bien des domaines – jadis l'hygiène, l'éducation des enfants, la sexualité, la psychologie et l'environnement, plus récemment les enjeux de santé publique –, apprend l'autopalpation à ses lectrices. Les règles ne sont plus taboues. L'endométriose, qui occasionne tant de souffrances longtemps tues, devient un sujet récurrent. Cette parole, à laquelle les médias de masse que sont la radio et la télévision donnent de l'écho, a des répercussions sur la formation des soignants, mieux préparés à l'écoute et à l'accompagnement des malades et plus aptes à proposer des solutions nouvelles, comme ces psychologues désormais présents dans les services d'oncologie ou ces activités physiques proposées aux cancéreux qui peuvent en outre, s'ils le souhaitent, avoir recours à des séances d'acupuncture, d'hypnothérapie ou d'autres médecines complémentaires. Oui, cette parole vaut de l'or et, même si je dois reconnaître que je n'en ai pas abusé à propos de mon cancer, j'applaudis le courage de Florent Pagny, Jean-Pierre Pernaud ou Bernard Tapie, capables d'assumer leur lutte et leurs stigmates, face caméra. Ces hommes en ont aidé d'autres, qu'ils en soient salués. À ce propos, j'ai lu une très belle phrase, citée par la comédienne Marie-Christine Barrault : « Les vivants ferment les yeux des morts. Les morts ouvrent les yeux des vivants. » La mort de l'autre éclaire la nôtre et, plus froidement, cela me renvoie aux études de médecine jalonnées d'expériences et de dissections sur les cadavres. C'est à ce prix-là que la médecine apaise, soigne, guérit.

En rémission ou guéri, un cancer est une leçon de vie. Ces dernières années, à chaque fois que j'ai eu à nommer la maladie face à un patient, je ne manquais pas de me faire une piqûre de rappel. Comme une injection d'espoir, d'optimisme et de fringale de vie. Boulimique de l'existence, amateur de bonnes bouffes, de grands vins, de tablées amicales et familiales, de rires ininterrompus et de mille autres choses révélatrices de l'hyperactif que j'ai toujours été avant l'épreuve, je le suis encore plus après… Je savoure un quotidien trépidant, j'entends vivre fort, ne jamais cesser d'apprendre, tant que mon cerveau fonctionne. Cette prédisposition pour le mouvement perpétuel fait ricaner ces amis avec lesquels je passe mes vacances. Je les entends rire sous cape quand je m'approche d'eux qui lézardent au bord de la piscine :

– Attention, voilà Michel, il va encore nous proposer de faire un truc. Dis, Michel, on vient d'avoir une idée : si on ne faisait rien, aujourd'hui ?

D'où me vient-il de concevoir la vie comme une randonnée à vélo dont le principe consisterait à ne jamais arrêter de pédaler, sauf à vouloir tomber ? De quelle intranquillité est-elle le symptôme ? Serait-ce manière d'éviter un face-à-face avec moi-même ? Je ne fouillerai ces questions qu'en cas de nécessité vitale car pour l'heure, mon moteur, c'est précisément ce besoin de bougeotte. J'aime les défis, la nouveauté. Je joue avec les gadgets de notre époque, je roule à moto, je passe un jour le brevet de pilote d'avion, le lendemain celui de bateau, tout en me préparant à l'ascension du mont Ventoux à vélo avec des amis que je prie au passage de m'accompagner au vélodrome de Saint-Quentin pour tester le frisson de la vitesse sur piste ! Je pense donc je suis, je suis donc je fais, pour l'autre et avec l'autre. Sinon, j'aurais choisi un métier qui favorise l'introversion. Même quand je me lance dans une aventure solitaire, comme cette semaine de vélo qui me fait rallier Draguignan au départ de Paris ou Biarritz en partant de Noirmoutier, à coups d'étapes quotidiennes de plus de cent kilomètres, j'éprouve le besoin de partager l'expérience avec mes proches en faisant chaque soir le point des sensations vécues. Tel est mon plaisir. Mégalo ? Peut-être. Mais tant que je ne me sers pas des autres… Ce serait même plutôt l'inverse, aux dires de certains de mes proches. Mais pourquoi me mettrais-je à geindre ? J'ai, de mes parents, hérité cette dignité des gens qui ne se plaignent pas. La leur restera d'autant plus admirable que leurs conditions de vie étaient modestes et leur histoire familiale, pénible. Mais ils bossaient et regardaient devant eux. Et devant eux, il y avait mon frère et moi qui avancions, gorgés de cette confiance qui leur faisait dire que nous réussirions nos vies. Étrange impression que celle du sexagénaire qui se sent enfant au point d'avoir juste envie de dire merci. Merci Papa, merci Maman ! Sans doute, le moment venu, en aurai-je autant de mes fils. J'ai eu si peur de ne pas les voir grandir le jour de l'annonce de mon cancer que je les laisse vivre leur vie, la choisir, tout en leur inculquant la valeur de l'effort. L'aîné s'épanouit dans le domaine musical, le cadet est touche-à-tout, le benjamin a le temps de voir venir. Au nom de quoi m'opposerais-je à leurs aspirations ? Je regorge de confiance en l'avenir, le leur, le mien, le nôtre. C'est pourquoi, l'an prochain, pour la quinzième fois de ma vie, j'irai acheter du champagne et des gobelets en carton à la supérette de La Clusaz. Et j'espère qu'on n'a pas fini de m'y voir…

L'enfance

À bien y réfléchir, j'ai toujours été un personnage public : peu s'en souviennent, pas même moi, mais le fait est que, bébé, j'avais ma bobine dans la vitrine du photographe du coin de la rue ! À peine né et déjà livré aux regards de tous… Je me demande à quel point ce choix commercial a pu booster les affaires du photographe dans le quartier du 18e arrondissement de Paris où mes parents et moi habitions, rue Myrha. Myrha ? Le prénom de la fille d'un ancien maire de la commune de Montmartre. J'y vois le signe d'une enfant désirée. Comme moi. Comme bien des enfants du baby-boom.

Né le 14 mai 1957, j'en suis ! Tout commence pour moi, sans surprise, à l'hôpital. Pour être précis, à la maternité joliment nommée Les Bluets, que l'usage populaire a rebaptisée « clinique des

Métallos ». Son ancrage au monde ouvrier remonte à 1937 quand, au lendemain du Front populaire, la CGT avait pris l'initiative de la création d'un dispensaire que compléterait, après guerre, une maternité modèle et pionnière. Elle fut en effet la première en France à pratiquer l'accouchement sans douleur, sur la base de diverses techniques mises au point par le docteur Lamaze pour atténuer l'angoisse de la mère. Une révolution dans les relations entre le médecin et la presque maman, encouragée à garder la maîtrise de l'événement qui marque à jamais sa vie.

Parce que je connais par cœur l'intégralité des paroles des plus grands tubes de Charles Aznavour, je m'autorise à les amender pour vous parler d'un Paris que les moins de cinquante ans ne peuvent pas connaître. Ce Paris, c'est celui de mon enfance. Y trônent quelques repères : une télé en noir et blanc, un homme providentiel, le général de Gaulle, qui va revenir sauver la France, et un Parc des Princes pas encore sorti de terre... Ce Paris, c'est la capitale d'un pays que mes grands-parents, Glika, Esther, Haïm et Mandel, immigrés polonais en quête d'un monde meilleur, ont choisi dès les années 1920. Ce Paris, c'est celui des Trente Glorieuses dont je comprends rapidement qu'elles ont été plus glorieuses pour certains que pour d'autres...

Nous habitons un appartement d'une soixantaine de mètres carrés où non seulement mes parents élèvent leur progéniture mais où, en plus, mon père, Nathan, a installé son atelier de confection. Il est tailleur. Il coupe, mesure, assemble, coud et livre. Ma mère, Anna, est d'une patience de sainte. Elle s'éloigne rarement du téléphone fixe en bakélite : elle a toujours une amie à appeler, quelqu'un dont il convient de s'inquiéter et donc de prendre des nouvelles, surtout si tout va bien… C'est la fille improbable de Graham Bell. On en a si souvent ri que lors de son enterrement, en 2018, j'ai glissé dans son cercueil un smartphone qui symbolise son lien avec le monde extérieur. Je sais, c'est illégal. Au moment de fermer ce cercueil, je me suis penché une dernière fois vers elle en souriant, et lui ai glissé à l'oreille :

– Comme ça, Maman, tu pourras nous appeler !

Le fait que la famille mange et dorme sur le lieu de travail du patriarche ajoute à l'exiguïté des lieux. La promiscuité favorise les chamailleries dont je garde un souvenir particulier. Pour mes parents, la langue de l'engueulade, c'est le yiddish ! Je ne suis pas censé en comprendre le moindre mot. Sauf que bien plus tard, avec mon allemand première langue, je capte l'essentiel et déduis que, rue Myrha, les fins de mois peuvent être difficiles. Sans doute ai-je alors inconsciemment intériorisé le désir de gagner de l'argent, la nécessité de ne jamais connaître le manque ni de le transmettre à mes enfants. En nocturne, les invectives se font à voix basse parce que mes parents ne veulent pas me réveiller. Mais je ne dors pas. J'écoute. Parfois avec peine. L'émotion m'étreint lorsque je tombe récemment sur une carte postale adressée à mes parents : « J'espère qu'à la rentrée vous ne vous battrez plus », leur avais-je écrit, le cœur lourd, en cette fin d'été que j'avais passé en home d'enfants. Maladresse enfantine. Mes parents ne se battaient pas mais chaque reproche entendu était, dans ma tête d'enfant, un coup asséné par la vie.

En vérité, les accrochages ne sont pas si nombreux qu'il faille taire les multiples preuves d'amour dont mes parents me gratifient, puis nous gratifient, mon frère cadet et moi. Ils sont là pour nous, je le ressens, nous le ressentons. Cet amour s'exprime dans une pudeur teintée d'humilité. Je ne saurais dire de quoi il est fait concrètement mais quand je l'interroge, je me dis qu'une mère ne cuisine pas le pot-au-feu aux haricots de Soissons (dont je crois me souvenir que nous les appelions les « bobes ») ou les boulettes juives, ni ne sert sa crème caramel faite maison comme le faisait la mienne, sans aimer. Je me dis qu'un père n'entraîne pas son fils au bowling par pur plaisir d'enchaîner les *strikes*. Le partage est là. Permanent. Fondamental. Je me le rappelle avec d'autant plus de force qu'au bowling se consolide plus qu'un lien entre un père et son fils : il se noue une forme de complicité dont je ne mesure pas encore la portée. N'est-ce pas là qu'un jour, à l'occasion d'une énième partie, mon père insiste pour me présenter la caissière de la salle de jeu ? Je l'entends encore me confier qu'il la connaît « très bien ». Et près d'un demi-siècle plus tard, alors que lui et moi communiquons sans tabou sur tout depuis belle lurette, je me demande – mais au fond, ai-je le moindre doute ? – s'il n'a pas intrigué pour qu'elle se charge de me débarrasser de mon pucelage ! En attendant, missionnée ou pas, M. est tout à moi. Avec ses cheveux coupés court, sa jupe droite, son pull en laine bleu ciel et ses ballerines, elle me retrouve dans l'appartement d'un ami de mon père. Tout a-t-il été organisé à mon insu ? Je ne sais… J'ai seize ans, et à seize ans l'on ne voit que l'opportunité. À ce stade, mon palmarès amoureux est comme moi : vierge. Mon adolescence s'est écoulée loin des filles, à peine frôlées, vaguement reluquées, l'été. Ma timidité n'aide pas. Soit elle me maintient en retrait, soit elle me conduit à en rajouter, à forcer le trait. Je ne suis jamais dans le bon tempo. Il y a bien cette jeune fille blonde aux cheveux longs que je croise souvent sur la route du lycée. Elle promène son teckel, je la regarde passer avec émotion. Mille fois, je rêve de l'aborder ; mille fois, je m'abstiens. Elle reste pour l'éternité « la jeune fille blonde que j'ai regardée passer », ignorante à jamais de la flamme qu'elle a allumée, constitutive de mon éducation sentimentale. M., elle, c'est autre chose. Du concret. Le plus doux des regards combiné au plus précis des gestes. Experte, délicate, elle passe outre ma gaucherie, encourage mes initiatives, m'initie au plaisir. Je ressors de « ma première fois » les joues rouges et l'orgueil raffermi : je vais pouvoir frimer auprès des copains, tout en leur certifiant que je ne suis pas amoureux. Mon père a-t-il, bien avant moi, goûté les charmes de M. ? Allez savoir… Père et fils : toutes les transmissions sont bonnes à prendre.

L'incontournable figure de mon enfance, c'est Glika, ma grand-mère paternelle. Tous les jeudis, je prends le bus 54 pour la retrouver dans le quartier Voltaire, rue Basfroi. Le bouquet d'anémones que je lui apporte me vaut de gros baisers et de solides déjeuners. Ce sera foie de veau et purée ou cervelle d'agneau et épinards.

– Ça rend intelligent, assène-t-elle avec son accent polonais, inimitable.

Glika, c'est « Madame Popeck » en vrai ! Je l'aime tellement que je ne peux qu'acquiescer même si je déteste les épinards. Elle semble n'exister que pour moi : sa présence me rassure, me fait oublier les disputes de la rue Myrha. L'amour dont elle déborde se mesure à l'aune des souffrances que lui a infligées la vie. Peu diserte sur la période de l'Occupation, elle s'investit néanmoins au sein de la société Praga. Glika est l'un des piliers de ce groupe d'amis juifs qui se sont cotisés pour acheter des concessions au cimetière de Bagneux, situé au sud de Paris. Une fois l'an, à l'occasion de la réunion des sociétaires, elle se rend porte Dauphine pour un banquet qui mêle le recueillement et la fête. Rien n'y est jamais parfait. Alors elle houspille le personnel, repasse derrière tout le monde, commande, conseille, ajuste et, quand après l'hommage rendu aux disparus résonnent les premières notes de musique, sacrifie au plaisir de la danse comme pour signifier que la vie l'emporte toujours sur la mort. Il me faudra devenir adulte pour apprécier, au sens didactique du verbe, la force et la volonté de cette femme qui, au trop-plein de blessures du passé, a toujours su opposer l'audace de parier sur l'avenir des siens. D'où son intérêt constant pour mes résultats scolaires. Non pas que je sois mauvais élève, simplement, mes bulletins incriminent ma conduite et me valent quelques heures de colle : « Michel devrait arrêter d'amuser la galerie. »

La vérité, c'est que je n'aime pas vraiment l'école. J'y vois juste un endroit pour retrouver mes potes. Pour le reste, de la maternelle de la rue Marcadet au lycée Jacques-Decour en passant par l'école primaire de la rue Pierre-Budin, les blouses obligatoires, les pupitres en bois qui grincent, les buvards, les encriers, les stylos à recharger et les trousses tachées qui salissent les doigts ne m'inspirent rien qui puisse se rapporter à l'idée que je me fais du bonheur. Objets d'hier, nostalgie d'aujourd'hui... À la maison, me voilà forcé de jouer les prolongations avec des cours particuliers de maths.

J'ai onze ans, le « prof », dix-sept. Ma mère est occupée dans la cuisine. Un jour, entre deux fractions, le type me pose cette incroyable question :

– Tu t'es déjà masturbé ?

– ...

– Tu veux que je te montre ?

Sans attendre une réponse qui ne viendra jamais, le voilà qui passe à l'acte ! Je suis tétanisé, je retiens un cri par peur d'effrayer ma mère, je reste vissé à ma chaise. Quand il a fini, je me lève. Fin du cours. Le soir même, à table, j'annonce à mes parents que je ne veux plus de cours de maths. Promis, je ferai les efforts nécessaires, je n'ai plus besoin de personne. Pas même d'un expert en onanisme.

Sur cet épisode, silence pendant des années. Qui me croirait ? À la maison, on ne parle pas, on n'a jamais parlé de sexualité ou de ce qui s'y rapporte, de près ou de loin… Je ne raconte la scène à mon père qu'à l'âge de trente ans avec la même précision qu'aujourd'hui, signe d'une mémoire qui ne filtre pas les déchets les plus encombrants… De nos jours, on sait mieux exprimer et écouter les traumatismes de l'enfance et de l'adolescence. C'est heureux, nécessaire, mais il reste tant à faire ! Bien plus tard, comme médecin, je vérifierai l'importance de la parole pour soigner les blessures enfouies sous le silence. Il m'arrivera de percevoir sur le visage de patientes et de patients le poids d'un secret. Tout peut-il se dire en famille ? Je sais juste que se taire est dangereux.

L'épisode du prof de maths qui mélange multiplication, division et masturbation n'entache pas outre mesure une enfance riche de rires, de jeux et d'insouciance. Aux beaux jours et quand l'école me libère, j'en fais le plein, loin de la rue Myrha, en colo.

Mais c'est plus jeune, de six à neuf ans, au Chambon-sur-Lignon, dans la Haute-Loire résistante, exemplaire, que j'ai passé d'inoubliables vacances. Encore un signe de tout ce qui fait mon vécu, à partir de mes racines, quelque part en Pologne… Le Chambon-sur-Lignon n'est-elle pas la seule commune française distinguée « Juste parmi les nations » ? Elle a accueilli tour à tour des huguenots, des réfugiés espagnols, des Allemands indésirables dans leur pays devenu nazi et, aux heures les plus sombres, des familles juives, entre 3 000 et 5 000 personnes selon les historiens. Ceci explique cela. Mais de cela, précisément, j'ignore tout pendant mes congés chez « tante Soly », avec des monitrices qui veillent tendrement sur moi comme sur leurs propres enfants. L'Histoire est là, palpable, en rapport avec le destin familial, mais j'en suis protégé par des adultes bienveillants, tante Soly comme mes parents. À cet âge, mon appétit de vie se satisfait de tartines à la confiture de myrtilles, de la peau sur le lait que je déteste et du parfum si particulier des sapins qui font la beauté des paysages auvergnats.

Je repense à cette époque comme à celle de tous les possibles, de toutes les découvertes. Ma mémoire la jalonne d'autant de plaisirs simples qu'une France en paix pouvait garantir à ses enfants. Le TGV n'existait pas, l'avion était un luxe. L'été venu, nous embarquions dans la 404 blanche de mon père comme on part à l'aventure, même si nous connaissions le cap. Destination

Cannes. Mais avant, traverser la France, entre exaltation mâtinée d'impatience – « Quand est-ce qu'on arrive ? » – et ennui qu'il faut tuer en comptant les voitures bleues ou noires… La carte Michelin sur les genoux, ma mère préfigurait sans le savoir l'avènement encore lointain du GPS. Mon père, lui, fonçait à 140 à l'heure, sans ceinture de sécurité. Plus vite nous l'atteindrions, plus vite nous profiterions de la Méditerranée. La première fois que je l'ai vue, j'ai su que je l'aimerais toujours. Intuition validée. Aujourd'hui, je prends plaisir à y voguer et l'aime autant pour ce qu'elle est que pour ce qu'elle permet : prendre le recul nécessaire à la jouissance du spectacle de la terre, cette terre que j'aime pour ce qu'elle peut nous apporter d'apaisant, de nourricier, d'esthétique, de contemplatif ou de vivant, qu'il s'agisse des arbres qu'avec l'âge j'envisage de plus en plus comme des trésors à protéger ou des animaux que j'ai appris à aimer, bien que n'en ayant pas eu dans mon enfance. Qui dira la part de compensation affective nichée dans le plaisir fou que je prendrai, plus tard, à jouer le véto pour une série télé ? L'époque est à la conscience environnementale. Je ne prétends pas que la mienne ait toujours été particulièrement aiguë mais je pressens qu'elle sommeillait en moi sous diverses formes, confuses et néanmoins réelles : une attirance pour la verdure, une fascination pour la lumière du ciel, un besoin d'être au grand air. Transposées à l'enfance, ces prédispositions me propulsent au parc de Saint-Cloud pour des pique-niques haletants où, autour de la grande couverture à damier noir et blanc sur laquelle sont posés poulets, sandwiches, chips, sodas et fruits, on court, on rit, on tape dans le ballon, on taquine les parents qui font mine de nous gronder tout en continuant à bavarder comme si on n'était pas là.

Au chapitre des images d'Épinal d'une France heureuse dans laquelle la providence m'a donné de vivre figurent aussi ces dimanches qu'enivrait la perspective de jouer au foot, le matin, à Saint-Ouen avec le Red Star. À midi, on ne saurait louper « La Séquence du spectateur » à la télé avant la rituelle promenade au Jardin d'acclimatation. Cette sortie verdissait un quotidien d'où n'émanait pas systématiquement la gaieté de vivre : l'enfant que j'étais éprouvait ce besoin d'espace et de nature que l'univers urbain échouait à satisfaire. J'en étais confusément frustré. Dans ma chambre que j'ai ensuite partagée avec mon frère Franck, à contrecœur et avec une jalousie non avouée, les murs sont tapissés de posters d'Alain Delon, de Johnny et de Claude François dont il arrive qu'un mange-disque crache les tubes, à moins qu'il s'agisse des intonations orientales et festives de Bob Azzam : « Chérie je t'aime, chérie je t'adore ! » Qui a connu cette époque ne peut avoir oublié... Je fais mienne cette culture yéyé, insouciante et libératrice. C'est à cette époque, en colo, que je grille quelques cigarettes, sans plaisir ni conviction. La première, je l'ai fumée à treize ans. La dernière aussi... Je ne trouvais pas cela compatible avec la pratique sportive et ce dévorant besoin de tout essayer : l'équitation, le vélo, le volley, le judo – ceinture bleue – et le football auquel je voue une passion qui ne s'éteindra qu'avec moi et qui aurait pu influer sur mon destin quand je repense à ce match disputé à l'âge de dix-sept ans et au cours duquel je m'étais surpassé. On me propose alors de passer de l'équipe réserve à celle, si convoitée, de première ! Ce jour-là, je suis pourtant envahi de doutes et manque d'assurance. Je vais voir mon entraîneur et m'enquiers des raisons pour lesquelles on veut me faire passer d'une équipe à l'autre. C'est un trait de caractère chez moi : quoi qu'il m'arrive, de positif ou de négatif, j'ai besoin d'en comprendre les raisons, de questionner ceux qui décident, de m'approprier leur raisonnement. Un peu comme quelqu'un qui refuserait de conduire la voiture qui lui est offerte s'il n'a pas assimilé le fonctionnement de son moteur ! Et s'il arrive que l'on m'attribue une qualité ou une facilité, je sens poindre le « syndrome de l'imposteur », ce sentiment diffus de ne pas être à la place qui me revient réellement. Je vis encore dans cette sorte de confusion, dans l'obsession du « Pourquoi moi ? », convaincu de n'avoir rien fait de particulier.

Pourquoi moi ? Je n'ai pas fini de me poser la question.

Sigles

C'est l'histoire d'un mec qui prend le volant de sa voiture pour partir en vacances. Papa, maman, les enfants, toute la famille est à bord. À midi, il convient de s'arrêter pour déjeuner. La voiture quitte l'autoroute en quête d'un restaurant.

– Tiens, celui-là a l'air pas mal.

– Oui, allons-y !

– Attends... Il y a peut-être mieux un peu plus loin. On va aller voir.

Un peu plus loin, devant un autre restaurant :

– Il est bien celui-là, non ?

– Oui. Mais quand même, je suis sûr qu'on peut trouver mieux.

Et ainsi de suite. Un, deux, trois, quatre restaurants, jusqu'à ce que les restaurants ferment leurs portes :

– Désolé, on ne sert plus ! On rouvre à 19 heures si vous voulez…

Le mec au volant, c'est moi. Ce pourrait être vous ? Alors vous allez adorer ce qui suit. Parce que ce que je vous raconte là m'est arrivé plus d'une fois. Pendant longtemps, je n'ai pas su pourquoi. Maintenant, je sais…

Il y a quelques années, mon ami Olivier Revol, neuropsychiatre et pédopsychiatre qui dirige le centre des troubles d'apprentissage de l'hôpital neurologique de Lyon, m'appelle. Il souhaite recueillir mon témoignage pour un livre qu'il écrit sur le TDAH. Ce sigle désigne le trouble du déficit de l'attention avec ou sans hyperactivité. Moi, ahuri :

– Mais en quoi cela me concerne-t-il ?

– Tu rigoles ou quoi ? Tu es TDAH !

– Moi ?

– Je vois bien comment tu fonctionnes, je vois bien comment tu réponds du tac au tac. Tu as toujours besoin de bouger. Bref, tu coches toutes les cases. Tu ne le sais pas encore mais tu es TDAH !

Que l'hyperactivité m'ait toujours caractérisé ne m'avait pas échappé. Mais je voyais dans l'utilisation de ce terme, « hyperactif », un emprunt fait au langage courant pour nommer une manière d'être ou traduire ma détestation de la glandouille et non pas l'expression d'un symptôme, mot dont l'emploi projette immédiatement dans le champ médical... Le constat d'Olivier me trouble. Je sais l'homme avisé, sûr de son savoir, il est réputé avoir l'œil et ma foi, s'il le dit... Je témoigne donc dans son livre et accepte même de participer, en tant que « patient », à un congrès d'orthophonistes et de neuropsychiatres à Lyon. Devant l'assistance, j'évoque même un possible malentendu sur mon TDAH, ce qui déclenche une salve de rires dans la salle...

Ce trouble neuropsychologique, il faut le comprendre comme un symptôme plutôt que comme une maladie ; c'est une différence, pas un handicap. Chez l'enfant, il se manifeste par un mélange d'agitation motrice, d'impulsivité et de distractibilité qui conduit à ce qu'il ne tienne pas en place, porte peu d'attention à ses affaires, les perde, coupe la parole et peine à se concentrer ou à respecter certaines consignes. On retrouve, à des degrés divers, certains de ces traits de caractère (l'impulsivité, la difficulté à écouter) chez l'adulte qui se signale aussi par sa capacité à procrastiner (les démarches administratives le barbent), son besoin de fuir la routine ou des difficultés à gérer ses émotions.

Qu'Olivier Revol affirme que je suis TDAH me fait cogiter. Serait-ce pour cette raison que je m'ennuie pendant de longues réunions, que je ne tiens pas en place, que je panique à l'idée d'avoir un trou dans mes journées pourtant surchargées ? Cela explique-t-il que j'aime toucher à tout, goûter la diversité des aventures, passer de la réalité à la fiction, du traitement sérieux et discret de la médecine aux expériences les plus ludiques à destination du grand public ? Est-ce la clé de mon aversion pour la lenteur, de ma propension à perdre patience quand je perçois que mon interlocuteur ne comprend pas immédiatement ce que je lui dis ? Mais surtout, comment suis-je arrivé, malgré cette hyperactivité qui peut être pénalisante, à me construire une vie somme toute solide ? Quelles stratégies d'évitement ou de compensation ai-je inconsciemment mises en place pour parvenir à faire des études scientifiques qui demandent un minimum de concentration ? Et, plus simplement, aurais-je osé entreprendre de telles études si on m'avait dit que j'étais TDAH ?

Je ne suis pas au bout du questionnement dont l'intensité va redoubler lors d'un tournage pour « Les Pouvoirs extraordinaires du corps humain », occasion de passer des tests de QI. Les conditions sont loin d'être idéales pour le « déconcentré » que je suis : trois cameramen et un preneur de son papillonnent autour de moi qui réponds aux questions tout en sortant quelques vannes… Verdict ?

J'ai un QI élevé, sans plus. Celui d'Adriana Karembeu, en revanche, frise l'exceptionnel. Le réalisateur Stéphane Gillot et la productrice Peggy Olmi qui, manifestement, se posaient des questions avant le tournage, iront discrètement, eux aussi, passer les tests quelques jours plus tard. Tous seront diagnostiqués HP, haut potentiel !

L'affaire devient un sujet de discussion : à écouter mes camarades qui revisitent leurs comportements, leurs échecs, leurs réussites, parlent de créativité, d'indépendance, d'hypersensibilité, d'empathie, d'anxiété, de rejet viscéral de l'injustice, de démultiplication des sens, de loyauté ou de sentiment permanent d'intranquillité, je suis interpellé et pressens que je n'en ai pas fini avec les sigles et autres acronymes.

Les années passent sans que je cherche à en savoir davantage. Mais il est illusoire de se dire que l'on s'en fiche. C'est faux. Me reviennent les propos d'Olivier Revol que j'avais enfouis au plus profond de mon cerveau :

– Tu sais, Michel, non seulement tu es TDAH mais en plus, tu es HP !

L'envie de savoir me rattrape.

– C'est bon, Olivier, tu as gagné, je vais les passer, tes tests.

Je vais à Lyon, chez Anaïs Decharière, une neuropsychologue. Elle me garde cinq heures à ses côtés pour des exercices variés et rapides. Cinq heures ! Et je tiens le coup ! Il n'en faut pas moins pour que soient évalués dans les règles de l'art compréhension verbale, raisonnement perceptif, mémoire de travail et vitesse de traitement. Verdict : le patient Cymes fait preuve d'une bonne abstraction verbale mais, sur le plan non verbal, d'une fragilité au niveau du traitement perceptif. Traduction pratique : la contrainte de temps peut me pénaliser dans les tâches complexes de raisonnement. De ces tests émerge par ailleurs la confirmation de ce qu'avait observé le docteur Revol : je suis bien atteint d'un trouble déficitaire de l'attention, avec hyperactivité et HP, avec des dispositions particulières pour l'oralité et les situations d'urgence.

N'allez pas croire que je me prends pour Einstein. Lui et moi n'avons qu'un point commun : la circoncision !

Si je m'épanche sur moi-même et sur ces sujets, c'est pour aider celles et ceux d'entre vous qui se reconnaissent peut-être dans mes interrogations et s'en trouvent plus ou moins consciemment embarrassés. On peut surmonter ses complexes, son potentiel mal-être, vivre heureux sans passer ce genre de tests. En revanche, s'il arrive que vous ne compreniez pas le fonctionnement du monde qui vous entoure alors que vous estimez être de bonne foi, si vous rencontrez des difficultés récurrentes dans vos relations personnelles ou professionnelles sans en comprendre les raisons, si vous vous ennuyez en société sans savoir pourquoi, si vous avez l'impression de ne pas parler le même langage que vos contemporains, si vous collectionnez les problèmes familiaux ou professionnels sans explication rationnelle, c'est peut-être que vous avez quelque chose d'atypique, une spécificité qu'un test TDAH ou HP vous permettra de confirmer ou d'infirmer, en préambule à un éventuel changement d'attitude ou de comportement. Se connaître invite à l'optimisme, ce médicament naturel, et oriente vers l'avenir, cet Eldorado des possibles...

Ces tests permettent d'identifier les domaines où l'on est performant et ceux où on l'est moins afin de mettre en place des stratégies comportementales qui facilitent la vie.

Prenons l'exemple d'un TDAH dont on sait qu'il est sujet à la procrastination. Dès lors qu'il est informé de l'existence de ce trouble, l'avantage est double : *primo*, il sait d'où il vient, ce qui rassure ; *secundo*, il y remédie en découpant ses tâches par le biais, par exemple, d'une *to-do-list*. Un TDAH informé de son trouble peut, en prévision d'un dîner dont il sait qu'il va durer deux heures où il sera assis sur une chaise, soit décliner l'invitation, soit se lever régulièrement au prétexte d'aider à desservir la table ou d'apporter les plats. Il passera ainsi pour le plus courtois et prévenant des convives alors qu'il s'emploie juste à gérer son trouble ! Le HP, lui, court un risque : celui de paraître arrogant. Le savoir lui permet d'apprendre à tourner sept fois sa langue dans sa bouche avant de donner son avis, en y mettant les formes. De même, le HP bouillonne de questions existentielles qui ne perturbent pas la vie intérieure de la plupart de ses contemporains (pourquoi la vie, pourquoi la mort...), ce qui le rend anxieux et, par effet domino, peut l'inhiber. Informé des raisons pour lesquelles il a tendance à se cantonner à une forme d'immobilisme, il sera plus apte à réagir.

L'addition des deux sigles, TDAH et HP, produit de drôles de choses. D'un côté, on vous dit que vous êtes « intelligent » (et pour cause, vous êtes HP mais vous ne le savez pas) ; de l'autre, vous ne réussissez pas (parce que TDAH, ce que vous ne savez pas non plus). Après, toutes les combinaisons sont possibles. Il arrive que le TDAH masque le HP ou vienne à son secours. Certains profils inhibés par leur anxiété pour cause de HP puisent dans leur impulsivité de TDAH de quoi faire preuve d'audace. Mais l'intelligence elle aussi protège ; et le HP a tôt fait de mettre en place des stratégies qui, quand elles se révèlent gagnantes, entretiennent le « syndrome de l'imposteur » auquel j'ai fait allusion précédemment.

J'ai, à la lumière de ces enseignements, compris bien des aspects de mon parcours et de ma personnalité tout en me débarrassant de certains complexes. J'ai compris que l'élève dissipé qui avait redoublé sa sixième et sa terminale avait inconsciemment mis en place des stratégies particulières comme miser sur deux mémoires, la courte et la visuelle. Durant mes études, j'ai multiplié les dessins. Je mettais de la couleur partout. Je devinais qu'il me fallait, au dernier moment, revoir ou plutôt photographier du regard les pages de mes cours pour lutter contre cette anxiété qui caractérise le HP. Aujourd'hui encore, lorsque je participe à une émission, il me faut impérativement, juste avant, lire, surligner, entourer voire agrémenter de croquis toute la documentation que j'ai pu collecter sur un sujet donné. Vous verriez les scénarios des téléfilms dans lesquels j'ai joué… J'en ai fait des bandes dessinées !

HP, TDAH… Ces sigles font l'objet de fantasmes, de croyances, parfois de malentendus ou d'incompréhensions mais dissimulent surtout un mal-être et même une souffrance pour les personnes en question. Savoir que l'on est concerné, non par plaisir égotique de lever quelque secret sur soi-même mais par souci de mieux se connaître, arme à l'aube d'une vie ou d'une séquence professionnelle voire personnelle. Il n'est bien sûr pas question de tout voir ou prévoir à travers ce seul prisme car l'âme humaine est complexe, conjugue mystère et irrationalité. Mais nous sommes tous perclus de croyances sur nous-mêmes qui sont autant de freins psychologiques qui nous empêchent. Se croire trop ceci ou pas assez cela peut inhiber. Ignorer les raisons pour lesquelles on reproduit un comportement qui mène à l'échec, au conflit ou à l'insatisfaction, ralentit. En recourant si besoin à cette « radiographie » de l'intelligence et du comportement, on s'ouvre au regard de l'autre, on se tolère dans l'apaisement. Il importe de le faire en toute humilité, sans arrogance, ce qui fut mon obsession lors du tournage de mon premier téléfilm : j'ai, sur le plateau, tenu un discours de débutant, je me suis fait tout petit devant des professionnels aguerris, j'ai mis la plus millimétrique des applications à connaître mon texte, mes déplacements, ma gestuelle ; je voulais être adoubé, mon travail sur le plateau ne pouvant suffire, fût-il irréprochable. En préambule au tournage, j'avais eu plus qu'une pensée pour l'équipe qui me verrait débarquer. Je m'étais mis à la place de chacun de ses membres, à commencer par les acteurs. Conscient qu'ils font un métier où la galère est quotidienne, conscient qu'ils pointent souvent au chômage, j'avais craint d'être rejeté car voir débarquer un médecin, un animateur, ce que vous voudrez, en tout cas un type qui n'a jamais joué et auquel on confie le rôle principal peut être difficile à avaler quand on est un pro confirmé. Encore et toujours le « syndrome de l'imposteur »… Pour m'en départir, et c'est le meilleur conseil que je puisse vous donner si vous êtes confronté à ce genre de situation, j'ai d'entrée réuni l'équipe, lui expliquant que j'étais tout à fait conscient des raisons pour lesquelles on me confiait ce rôle, que dans l'esprit des producteurs ma popularité était un produit d'appel et que je comptais sur chacun pour oublier « le mec de la télé ». Je les ai suppliés de ne jamais hésiter à me dire les choses qui n'allaient pas. J'en fus peut-être ridicule d'humilité mais je tenais à ce que les choses soient exprimées avec sincérité. En retour, l'équipe me gratifia de son incroyable bienveillance et je pus, en bon suceur de sang que je suis, observer, m'imprégner, apprendre tout ce qu'il y a à apprendre chez ceux qui savent. Par la suite, deux moments d'extase intime marquèrent cet apprentissage. Le premier me vint de l'ingénieur du son. Sur un tournage, l'ingé son, c'est le type qui vous a à l'oreille toute la journée. Il n'a pas besoin de visionner une scène pour savoir si vous jouez juste ou pas. Il sait. Son oreille décrypte. Il vint à moi :

– Michel, c'est la première fois que tu joues et je voudrais te rassurer, tu joues juste !

J'avais mis tant d'application à éviter le piège de la récitation qu'il me fit grand honneur à me dire cela.

Le second moment d'extase, je le dois à Anne Holmes, la grande « manitou » des programmes de France Télévisions.

– Michel, il faut que tu arrêtes de dire que tu n'es pas acteur.

L'imposteur vous remercie, ça l'aide !

Mais je ne voudrais pas clore ce chapitre sans alerter ceux qui « voudraient savoir ». Vous devez préalablement vous poser les bonnes questions. Comment réagirai-je si les tests ne valident pas mon intuition ? Et surtout, que ferai-je des résultats ?

Que vous appreniez que vous êtes TDAH ou HP ou les deux ne va pas vous transformer du jour au lendemain mais aura des conséquences auxquelles il faut se préparer car elles ouvrent parfois sur un champ nouveau : celui de la compréhension de soi-même. Si, quand j'ai raté mon bac, on m'avait dit que j'étais TDAH, ne me serais-je pas réfugié derrière cette différence pour reculer devant l'obstacle et ne pas tenter médecine ? Ne me serais-je pas dit « à quoi bon ? ». Il est aussi là, le danger de ces tests qui, parfois, font polémique. Mais on peut aussi opposer l'argument inverse à leurs détracteurs. Car il est faux de dire que tous les enfants TDAH ou HP vont bien. Il est important, pour ceux qui vont mal ou sont en échec scolaire, de comprendre pourquoi et de les accompagner. Le diagnostic est donc indispensable.

La médecine, une vocation ?

Vocation vient du latin *vocare*, qui signifie « appel ». Ce terme emprunte au vocabulaire religieux. L'appel d'une voix divine ou intérieure… Or la médecine n'appelle personne ; elle est d'abord un choix de vie, un métier qui s'apprend, par goût des autres, donc aux antipodes de l'introspection et de la solitude. Un médecin existe face au corps de l'autre, il n'exerce ni ne traite par la prière ou l'incantation. Il touche, il regarde, il sent, il affronte le réel. Me concernant, je préfère donc parler de sacerdoce et de passion ; ce faisant, je m'aperçois que ces termes s'inscrivent eux aussi dans l'univers rhétorique du religieux…

Au lycée, je choisis la voie scientifique parce qu'elle correspond à mon intérêt pour les sciences naturelles, le corps humain et surtout les animaux. D'ailleurs, j'envisage des études de vétérinaire.

Mise au parfum, une amie de ma mère me le déconseille au prétexte que je risque d'être mal accueilli dans ce cursus du fait de mes racines qui ne sont ni paysannes ni rurales. On m'assure en plus que les études de véto sont beaucoup plus difficiles que celles de médecine. Et pour cause : un seul corps humain, des dizaines de corps animaux... Je renonce, à regret. Ce sera donc médecine. Mais cette ambition bute sur un détail : le bac... La cuvée 1975 reste de funeste mémoire pour moi. Le jour des résultats, je lis et relis à plusieurs reprises la liste des lauréats, de haut en bas, de bas en haut, en diagonale ascendante puis descendante : pas de Cymes ! Je suis sonné. La sensation que le ciel m'est tombé sur la tête.

Dire que je méritais de l'avoir au vu de ma piètre terminale serait mentir... Mais un truc me reste en travers de la gorge : ma note en histoire, 6 sur 20. Après mon passage devant la prof, j'étais persuadé de décrocher un 18 ! Que s'est-il passé ? J'ai une conviction, en rapport avec la question qui m'a été posée ce jour-là. Elle portait sur Lénine. Lorsque j'ai évoqué la dictature du prolétariat, j'ai perçu une réaction négative sur le visage de l'examinatrice dont j'ai appris plus tard qu'elle se revendiquait communiste. Que me reprochait-elle ? Une intonation ? Cette affaire me hante encore. Ce 6 sur 20 valait condamnation. Sans doute le savait-elle. J'en étais, moi, persuadé. Au point d'aller le soir même à la rencontre de mon professeur d'histoire pour lui réciter ce que j'avais dit lors de l'examen. Le prof, estomaqué, voulut rencontrer sa collègue. Elle refusa…

Effondré, je rentre à la maison. Tête baissée, j'annonce mon échec, mon lamentable échec, à mes parents. Eux, incrédules. Je revois leurs visages décomposés. Ils ne disent rien. J'ai honte. Je m'enferme dans ma chambre. Même mon frère n'ose pas me déranger. Aujourd'hui encore, cet épisode me fait mal. J'ai toujours en mémoire, très nette, l'image de mes parents m'attendant dans le salon, une bouteille de champagne dans un seau pour fêter le premier bac d'un Cymes ! Quarante-six ans plus tard, comme si j'y étais.

À l'égard de mes parents, je me sens redevable d'au moins une réussite. Quand on est l'aîné dans une famille traditionnelle et juive, qu'on est le premier Cymes à passer son bac, on se doit de donner l'exemple.

Je redouble. Une seconde terminale, pas plus brillante que la première… Mais je décroche le Graal et me réjouis d'accéder enfin à ces études de médecine, dans le sillage de mon très cher ami Mithri qui a pris un an d'avance… Ah, Mithri !

De son vrai nom Mithridade Davarpanah, Mithri est franco-iranien. Trois mois nous séparent.

Sa mère était la caissière de la boulangerie de la rue Myrha. C'est là que la mienne a fait sa connaissance. Elles sont devenues « les meilleures amies du monde ». Fusionnelles. Cela a rejailli sur nos familles. De notre plus jeune âge à la fac de médecine, Mithri et moi avons passé nos vacances ensemble. Les liens de l'enfance, l'histoire commune de l'exil, la nécessité d'une assimilation réussie… C'est assez pour solidifier une relation. Bilan : une engueulade, une seule, en près de sept décennies d'existence. Mithri ? Bachelier du premier coup ! Toujours en avance, Mithri… Sur moi, sur tout. Mithri, l'ami qui galvanise.

Je choisis ma fac parce qu'il y est déjà. Je le rejoins avec l'obsession de décrocher un diplôme et d'exercer un métier prestigieux pour que mes parents adorés soient fiers de leur fils aîné et rassurés par une réussite à la mesure de leurs sacrifices et de leurs efforts. C'est l'époque où ma mère travaille dans la négociation immobilière et où mon père, soldeur, court sans cesse après les lots à revendre. Nombre de nos proches sont dans la confection mais la filière ne m'attire pas. Je veux bien faire des cartons, les porter l'été dans le quartier du Sentier pour aider et gagner quelques pièces qui finiront dans le ventre d'un flipper, mais pas plus !

La première année de médecine, c'est simple, vous ne vivez plus. Boulot, boulot, boulot. Un travail de forçat. Le moindre écart (ciné, resto) vous fait culpabiliser car vous savez que d'autres candidats, eux, sont restés scotchés à leurs révisions. Des candidats, il y en a 1100. Pour 110 places ! 10 % de chances de passer. En plus, je suis à Necker, la fac la plus difficile de France. J'y croise des étudiants venus de maths sup pour augmenter leurs chances de réussite ; il y a du niveau, comme on dit. Sans compter que je n'ai pas le profil idéal. Avec mon bac section D plutôt que C et mon statut de bizut, les chiffres ne plaident pas en ma faveur : mes chances de franchir cette première année sont statistiquement epsilonesques ! Alors ? *Toubib or not toubib ?*

Animé d'une hargne que je ne me connaissais pas, je trime comme jamais. Avec le recul, je pense que mon échec au bac a été une expérience fondatrice... Elle m'a fait haïr l'échec. Si je maudis encore cette prof qui m'a si injustement recalé, je dois avouer aujourd'hui que je lui dois peut-être beaucoup. Et si je détaille ici mes mésaventures estudiantines, c'est surtout pour transmettre un message d'espoir à celles et ceux qui pensent qu'un échec est définitif. Non ! Jamais ! Se relever, insister, croire en soi et en sa bonne étoile sont des gages de réussite. Il en va de la vie professionnelle comme de la santé : avec un bon moral, on accomplit des miracles. La suite va le prouver de manière spectaculaire…

Jour des résultats du concours de première année de médecine : sur la feuille, une barre rouge sépare les reçus de ceux qui pourront repartir pour une année de galère. Je suis en dessous. Pas loin mais en dessous. 121e ! 11e recalé…

Je vous ai déjà parlé de mon petit ange. Le voilà qui surgit sous les traits du père d'un ami faisant partie des premiers recalés, avocat de métier. Il relève que, parmi les reçus, il y a onze étrangers de trop. S'engage une procédure au terme de laquelle le doyen de la faculté nous reçoit et nous annonce que Simone Veil a signé un décret ministériel débloquant onze places supplémentaires. Me voilà dernier, une fois de plus, mais dernier reçu ! C'est le genre de bonheur qu'il faut vivre pour en mesurer la profondeur, jusque dans le sourire éclatant et l'œil brillant de mes parents. Le travail a payé, j'ai réussi. Enfin !

Pendant la deuxième année, l'amour du métier se consolide à mesure que les choses s'intensifient. J'ai quitté mes parents pour emménager dans une chambre de bonne, non loin de leur nouveau logement à Saint-Cloud, au sud-ouest de Paris. C'est une année légèrement plus tranquille… On nous laisse un peu respirer. Et puis il n'y a plus de compétition, de concours ; juste des examens. Le sentiment d'être sur les rails…

1979. Les stages d'externe ont lieu dans la prestigieuse faculté de Necker-Enfants malades. Sourire béat, stéthoscope autour du cou, le torse bombé sous la blouse blanche sur laquelle est épinglé mon badge, je me sens médecin. Mais je n'ai que vingt et un ans et encore beaucoup à apprendre, y compris sur moi-même. À côtoyer des gosses qui souffrent dans le service de neurochirurgie pédiatrique, j'éprouve une immense peine. Et si les techniques de soin en ce domaine me fascinent, si les succès qu'elles permettent me remplissent d'allégresse, les échecs me terrifient. Je sais déjà que je ne choisirai pas cette voie. Trop douloureux. Tant d'années après, devenu père, je suis encore plus sensible à la souffrance enfantine… Je ne serai donc jamais pédiatre. Aveu d'échec ? Hypersensibilité incompatible avec le métier ? Prise de conscience de ma vulnérabilité ?

L'expérience aidant, la possibilité d'une forme d'apaisement s'installe. On instaure une nécessaire distance entre soi et la fonction, même si médecin n'est pas un job à temps partiel. Aujourd'hui, chaque jour, à tout moment, quelles que soient les circonstances, y compris dans la rue, je croise des gens qui me disent : « Bonjour, docteur ! » Je suis censé avoir un avis sur tous les bobos dont me parlent mes amis, les amis de mes amis mais aussi les copains de copines de copains, émettre une opinion sur tous les problèmes de santé dont on m'entretient au hasard de rencontres qui peuvent se nouer à trente mille pieds d'altitude, comme avec cette pilote qui sollicite une entrevue dans le cockpit pour m'exposer le cas de sa fille. Je sais combien la santé est source d'angoisse : jamais je ne rejette une demande. Jamais. Et jamais l'angoisse du patient, compréhensible, ne déteint sur moi. Je dors bien. Peu mais bien.

1984 marque le début de l'internat, après des années de bachotage pour repasser des concours. Un temps pour lever la tête, s'éloigner des manuels, sortir de sa chambre, passer de la théorie à la pratique, de l'étude à la vie. Un temps pour se libérer du carcan estudiantin et, enfin, se frotter à l'art médical, à l'humain. Être interne, c'est aussi passer de la docilité à l'esprit carabin. Il ne me quittera plus. J'en ai trop besoin pour vanner la vie, tenir les drames à distance.

J'ai vingt-six ans. Je choisis la ville de Chartres qui n'est ni trop proche, ni trop éloignée de Paris. Le matin, gare Montparnasse, à bord du train de 7 h 19, je retrouve mes amis étudiants. Quatre ans de joyeux rendez-vous ! Quatre ans à proximité de la célèbre cathédrale, au sein de l'hôpital général de l'Hôtel-Dieu dont la mission historique est sanitaire et sociale. Il a, depuis, été transformé en Ehpad. Je travaille sous la houlette du docteur Durand, chef du service de chirurgie. Un homme formidable dont je suis le seul interne ! Une aubaine, un privilège pour apprendre et s'aguerrir... La matinée est consacrée aux interventions, l'après-midi aux visites, la nuit aux gardes. Tout s'enchaîne avec intensité. Ce rythme me plonge d'emblée dans la fonction du médecin hospitalier au contact des malades, des corps, des familles, des consœurs et des confrères. Les pathologies apprises par cœur prennent forme, elles se nuancent dans la réalité et avec l'histoire de chacun. Les actes, précis, parfois anodins, souvent dictés par l'urgence, impriment un rythme trépidant qui emplit l'espace-temps et me convient d'autant plus que je suis de nature à fuir la routine et l'ennui. Dans mon esprit, elles empêchent d'avancer.

Cette période d'apprentissage se complète de quelques mois au Smur (structure mobile d'urgence et de réanimation), un balcon sur le réel où la violence déchire des familles, provoque des drames et génère des symptômes qui ne figurent pas dans les livres de référence. Aucun répit. Sur les routes ou dans les maisons, à bord du camion de secours, à même le trottoir ou au fond d'une impasse, il n'est point d'endroit qui échappe au côté sombre de l'humanité. Alors j'obéis, j'agis, j'apprends. J'empoigne la réalité avec la même rage, le même désarroi que les pompiers ou les flics qui jaillissent avec entrain de leurs bureaux ou de leurs casernes et se heurtent à tant de drames, tant de misères ignorées. Eux aussi sont jeunes, eux aussi se prennent des vies cabossées en pleine figure, à l'orée de leur propre existence d'adulte. Paradoxalement, on peut, de ce genre de parcours initiatique, tirer quelque satisfaction voire une forme d'épanouissement. Entendons-nous bien : il ne s'agit pas de combler un improbable besoin de morbidité ni de confesser quelque penchant voyeuriste que ce soit. Simplement, le monde tel qu'il va a ceci d'hypnotique qu'il malmène l'humain, c'est un fait, et il s'impose à moi comme quelque chose à prendre ou à laisser. En embrassant la carrière médicale, je décide de prendre, de relever un défi dont je sais qu'il se soldera par de réconfortants succès mais aussi de cuisants échecs – j'en accepte l'augure –, des échecs dont il me restera la conscience d'en avoir été le témoin direct, parfois l'acteur impuissant, systématiquement l'homme privilégié, oui, privilégié car ces épreuves, quoi qu'on en dise, endurcissent, construisent, épaississent, rassurent sur sa capacité à encaisser, rendent l'ordinaire extraordinaire jusqu'à vous griser de vous sentir utile à la collectivité. Même quand, hélas !, on ne sert plus à rien. Ainsi, devant ce camion couché sur le bitume après avoir franchi le rail central de l'autoroute et dont je m'approche pour ne distinguer que le bras du chauffeur mort sur le coup ou face à ces corps calcinés dans l'habitacle d'une voiture accidentée. Des jeunes. Et cet homme d'une soixantaine d'années dont le cœur a cessé de battre alors qu'il déjeunait en famille, un dimanche ? Quand nous arrivons, il est allongé à même le sol. Je sais que si je m'acharne et parviens à le réanimer, il vivra comme un « légume »... J'hésite, je regarde mon collègue. Interrogations muettes. Malgré ma mise en garde, la famille insiste. Alors je continue... Rien. On l'emporte dans la camionnette. C'est là que s'arrête la réanimation, là qu'il meurt, sur une civière. Est-ce mieux ? Est-ce moins bien que s'il avait vécu ? La réflexion attendra : nous arrivons aux urgences de l'hôpital et reprenons mécaniquement des gestes essentiels pour manipuler le corps de cet homme, en voir d'autres au milieu de la cohue... Et repartir. Ici pour secourir un homme intoxiqué au monoxyde de carbone. Je lui parle pendant le trajet, nous discutons de tout et de rien tranquillement et, brutalement, un spasme facial, l'arrêt cardiaque. Je ne pourrai pas le sauver. Là pour répondre à l'appel du club hippique dont un membre subit une attaque cardiaque sans que nous puissions le récupérer. Reste le plus éprouvant : après la mort, l'annonce de la mort. Informer l'épouse et la fille d'une voix assurée, d'un ton neutre mais enrobé d'une sincère compassion. Trouver les mots, la bonne distance. Mon angoisse, la leur…

Banale et intolérable, la mort déniaise le jeune Parisien que je suis, à peine sorti de son confort familial. À vingt-sept ans, je mesure ma responsabilité et découvre qu'on ne peut pas tout réparer. C'est brutal, j'en suis secoué, bouleversé, mais pas au point de renoncer. Je somatise un peu, beaucoup, puis plus du tout, et c'est à cette aune-là que se mesure l'excellence d'une formation à laquelle il manque peut-être un détail, même si je ne saurais m'en plaindre… En effet, au cours de cette période, je redoute de devoir accoucher une femme. L'idée de manipuler le bébé, de lui faire mal ou de blesser la mère me fait flipper. Et bien sûr, arrive ce jour où l'on nous appelle pour une naissance imminente. J'y cours, en panique, les mains moites et le cœur battant. Durant le trajet, je fais le vœu que l'enfant naisse avant mon arrivée… Exaucé ! Mon ange gardien, toujours lui… De joie et de soulagement, j'embrasse le père qui me regarde, abasourdi !

Pour moi, la période chartraine, c'est tout ça : un enchevêtrement d'émotions dont je précise qu'elles peuvent se vivre partout, y compris à Paris que l'inconscient collectif a tendance à différencier de la province. Misère et solitude sévissent aussi à l'abri des façades haussmanniennes, des courettes arborées, derrière les murs pelés ou le stuc des hôtels particuliers, dans des chambres de bonne comme au cœur d'appartements cossus. Les ravages de l'alcool, les violences conjugales cachées, les malades mal soignés et les détresses de l'isolement ignorent la géographie. En quelques mois de médecine urgentiste, j'ai vu des scènes inouïes, inoubliables, j'ai admiré le sang-froid de soignants capables d'affronter les pires circonstances et admis que certains ne tiennent pas le choc, en vomissent puis décident de changer de cap. En ces circonstances, ce n'est pas tant la brutalité des choses que ce qu'elles nous racontent de la vie des autres qui marque à jamais. Je me rappelle cette intervention qui s'inscrit dans ce type d'urgence qu'on résume en une formule : « Personne ne répondant pas aux appels. » Nous nous ruons sur place en même temps que la police ou les pompiers. Ce jour-là, il fait beau. Nous découvrons un homme attablé. Il est mort assis, rigidifié, devant une tasse de café froid, une cigarette éteinte entre les doigts. Les policiers font le tour de l'appartement et découvrent une chambre de jeune fille, impeccable, rangée, propre. Le lit est tiré au cordeau. Aux murs, des posters. Aux fenêtres, des rideaux roses. Ce décor romantique figure une sorte de mausolée entretenu jour après jour par un père inconsolable. L'enquête permettra de reconstituer l'histoire : l'homme avait perdu sa fille de dix-huit ans, le jour de son anniversaire, dans un accident de voiture et n'avait, depuis, touché à rien, vivant le reste de son existence avec le fantôme de la jeune femme.

À Chartres, en découvrant la diversité des pathologies, j'améliore ma pratique médicale. Le plus impressionnant pour un jeune interne ? Les visites. On entre dans la chambre du malade, avec le staff, derrière le patron qui attend de nous un exposé simple et exhaustif de l'état du patient. Comme une scène de film. On tremble parfois, on essaie de ne pas bafouiller pour rassurer nos pairs autant que la personne affaiblie dans son lit. Même sensation que d'aller au tableau en classe, la première fois, pour réciter une poésie, en chancelant sur les jambes et en spéculant sur la justesse du ton…

L'internat est aussi une initiation à la bringue pour évacuer les visions plus ou moins traumatisantes. Les gardes, contraignantes et libératoires nous forcent à lâcher prise, à décompresser, grâce à l'humour carabin, parfois poussé à l'extrême, fait de blagues lestes voire vulgaires. Les fresques murales à caractère sexuel disent l'essentiel de ces bacchanales d'une époque où les téléphones portables et les réseaux sociaux n'existaient pas. Aujourd'hui, nous aurions tôt fait d'être convoqués.

Autre temps, autres mœurs…

J'ai la chance d'être l'économe et le président de la salle de garde (située à l'extrémité du bâtiment hospitalier pour ne pas troubler le repos des patients). Ma fonction consiste à faire respecter le paiement des cotisations, à organiser la vie quotidienne, les repas, les festivités et de folles nuits de carabins. Les autres internes et moi, nous formons un gouvernement parallèle à celui des directeurs d'hôpitaux. Ce *shadow cabinet* s'arroge tous les droits à la « déconne » ! Et ça commence par un interdit : en salle de garde, on ne parle ni médecine, ni politique, ni religion. En revanche, les conversations sur le sexe, les amours éphémères, les blagues de potaches, l'écriture d'alexandrins ambivalents, l'humour noir, bref tout ce dont le politiquement correct du XXIe siècle peine à s'accommoder, sont autorisés et même encouragés… Quiconque se soustrait à ces règles s'expose à la dénonciation – elle aussi encouragée – et s'en tire avec un gage, lequel, toujours puéril, est prescrit par une roue que l'on fait tourner jusqu'à ce qu'elle s'arrête. On y trouve des injonctions du style « Faire une pipe à l'économe » (très limite hors contexte, je le conçois, cette injonction n'a bien sûr jamais été suivie d'effet sous ma gouvernance, je préfère le préciser) ou « Trouver la plus belle fille de l'hôpital et la ramener dans la salle ». Vue de 2022, la pratique peut choquer mais comme il est ici question de tout se dire, sachez que les salles de garde sont d'authentiques lupanars où tout le monde drague tout le monde, où les couples se font aussi vite qu'ils se défont sans que cela offusque personne. J'ai le souvenir de copines libérées, consentantes, ravies de s'amuser et plutôt cash qu'autre chose.

Il revient à l'économe que je suis d'organiser les fêtes de fin de garde, les « tonus » ! Financées par les labos pharmaceutiques, ces extravagantes noubas, dignes des folles années 1980 où tout était possible pour les noctambules, n'obéissent qu'à une seule norme : l'excès. Le sida ne fait pas encore de ravages, le principe de précaution n'existe pas, la sagesse du corps nous est étrangère, la nécessité d'être et de vivre en bonne santé est une option pour plus tard... Dès lors, le « tonus » a lieu dans la salle de garde décorée par des fresques exécutées par des étudiants des Beaux-Arts. Celle que j'ai commandée représente un vaisseau spatial autour duquel gravitent les portraits des personnels médicaux, chefs de service, médecins, internes, infirmières… *2 000 Fesses odyssée cul* : l'intitulé, délicat, parle tout seul… En quelque sorte, l'ancêtre du « mur des cons » ! On frôle la faute, la décompression est totale et se solde par quelques comas éthyliques de confrères ou l'emprunt du camion du Smur pour aller chercher des caisses d'alcool au supermarché du coin avant que d'être détourné avec sa cargaison à bord pour filer vers une urgence… Un soir, j'ai même l'audace de rapporter un lot de souris déniché quai de la Mégisserie à Paris. La nuit venue, mes amis et moi, nous dispersons les rongeurs dans les placards et les tiroirs de l'hôpital. Le lendemain, c'est un festival de hurlements de peur et d'injures. Nous étions jeunes et marrants ; enfin, nous pensions l'être…

Reste que, d'une bêtise l'autre, l'internat s'achève par « un enterrement ». Le mien a lieu pendant le bicentenaire de la Révolution de 1789 dans la collégiale Saint-André de Chartres, louée pour l'occasion. Déguisés en révolutionnaires, nous traversons Chartres sur une charrette de condamnés escortée par la police. Avant la touche finale, un tribunal de chefs de service se réunit face à un procureur et un avocat. Toutes mes turpitudes sont déclamées. Mon ami Philippe Labet et moi, nous sommes deux à être jugés. Jugés et condamnés, bien sûr.

Les années d'internat sont indélébiles. On y rit, on y pleure, on passe de l'émotion de l'amitié à celle de la souffrance des patients, de la peur d'échouer à la satisfaction de sauver des vies, du désir d'apprendre à celui de vivre intensément. On traverse des mondes différents, on saute à pieds joints dans l'exercice concret de la médecine avant d'avoir complètement assimilé la théorie. L'ascenseur émotionnel nous entraîne dans un mouvement quasi perpétuel. Ajoutez à cela la découverte et vous comprendrez la vitesse à laquelle un adulte se débarrasse de sa jeunesse.

Au milieu de ces quatre années, j'ai le bonheur de partir au Sénégal, à Dakar. Ça ne s'est pas fait tout seul… J'ai dû magouiller, mentir sur mon expérience pour décrocher ce voyage en Afrique de l'Ouest. Au préalable, j'ai droit à une formation à la médecine et à la chirurgie tropicales. À Marseille, au Pharo, je m'entraîne sur des chiens en fin de vie, des bergers allemands de la police. Je les opère pour apprendre mais les laisse mourir aussi, sans acharnement… C'est épouvantablement cruel même si je sais que ces animaux ne souffraient pas. Mais à l'époque, c'est ainsi que progressait la science dont j'espère que, de nos jours, elle a recours à des pratiques plus éthiques pour parfaire la formation des futurs chirurgiens.

Le continent africain m'est inconnu. À Dakar, je choisis de loger en ville, dans un studio, plutôt que dans la chambre qu'on me propose à l'hôpital. Je veux me frotter à la vie quotidienne des Sénégalais, à leur manière digne, chatoyante et fataliste d'affronter la maladie et la mort. Pour eux, elle fait partie de la vie et c'est tout juste si les familles des malades ou des mourants ne me réconfortent pas quand je les reçois... Les Sénégalais vivent parfois dehors, acceptent leurs souffrances, se parent de leurs plus belles tenues pour consulter le « Docteur blanc » qu'ils nimbent par principe d'une aura et de toute la magie du savoir. Ils m'attribuent le même pouvoir qu'un marabout issu de leur culture. Les patients viennent de toutes les régions du pays. Ils font des centaines de kilomètres et attendent des heures dans l'espoir d'être soignés. C'est long, si long que, parfois, lorsqu'on examine un patient pour une otite, on est déjà au bout du bout de la pathologie ; outre la douleur, le pus coule de l'oreille, il faut faire vite, écouter, rassurer, intervenir... Et se blinder.

Quand il me voit débarquer, le chef de service censé superviser mon travail fait une drôle de tête : il se demande comment je vais m'y prendre pour m'adapter à l'exercice de cette médecine si particulière, pour être un docteur crédible avec si peu d'expérience en ORL. Il sera d'infinies générosité et patience à mon égard. En un an, j'apprends plus de choses qu'en une décennie dans un hôpital de province français. Là-bas, je ne me posais pas la question : j'étais toubib et même « toubab », nom donné aux Français par les Sénégalais.

Dakar fut une expérience fabuleuse. Je projette d'y emmener un jour mes enfants car depuis toujours, pour eux, avec eux, je tente de reconstituer le parcours de ma vie. Mon histoire s'inscrit dans notre roman familial. Leur faire découvrir mes lieux de mémoire à moi leur donne à réfléchir à partir des bribes de mon expérience. À eux de s'approprier ce vécu puis d'en tirer ce qu'ils souhaitent. On apprend toujours, partout. Me concernant, l'expérience sénégalaise a œuvré à comprendre, des années plus tard, la place occupée par les médecines complémentaires, dites parallèles, longtemps considérées en France comme des pansements souvent inutiles, des gadgets thérapeutiques, voire des placebos. Erreur : elles ont un sens dans le processus psychologique de guérison auquel les croyances, intimes ou généralisées, ne sauraient nuire. Nous avons besoin d'être « divertis » au sens pascalien du terme pour assumer notre condition, échapper à notre « misère humaine ».

Longtemps trop cartésien, allopathe par principe, je me suis volontiers attaché au symptôme et à lui seul pour préciser le diagnostic alors qu'il fait partie d'un tout, que la psyché et l'environnement comptent aussi dans l'émergence de la maladie puis dans son traitement. Non, il ne suffit pas d'observer le malade puis de fixer son écran d'ordinateur pour percevoir son inquiétude... Il faut prendre le temps d'être réceptif à ses convictions, s'intéresser au langage non verbal, faire fi des approches rigides d'hier et d'aujourd'hui qui entravent toute communication, bloquent le progrès technologique et pénalisent forcément la société. Pour ma part, je me plais à cultiver l'empathie toujours éprouvée auprès de mes patients, celle qui révèle une forte prédisposition à l'émotion, masquée par le rire, l'humour, et protégée par l'acte technique du soin. Nous, médecins, profitons du progrès ; nous sommes devenus des prescripteurs, des enquêteurs bardés d'outils technologiques, d'examens supplémentaires ou complémentaires. Faut-il le regretter ? Je ne le crois pas. Embrassons l'époque ! Elle a changé, nous devons l'accepter, suivre le sens de l'histoire qui insiste sur la bienveillance et l'humanité, impose au praticien d'observer le malade, de l'écouter, de percevoir une expression ou un geste, si infimes soient-ils...

J'ai continué à voyager pour des remplacements fréquents à La Réunion. Dans tout ce que j'entreprends, dans tous mes choix, mon seul credo est d'échapper à la routine, de toujours apprendre quelque chose de nouveau, de vivre des expériences singulières et utiles. Les temps morts me pèsent, ils me renvoient à ma propre finitude. Aurais-je pu mener la vie en apparence plus routinière d'un médecin de famille ? Paradoxalement, oui. J'aime la famille. Ce socle de stabilité me sécurise et m'émeut. J'aurais pu me déplacer jour et nuit, prendre ma voiture par tous les temps, aller vers les autres, les soigner coûte que coûte. M'en serais-je lassé ? Peut-être. Mais il est évident que les confrères de la ruralité transmettent autant d'humanité que de soins. Ils sont indispensables aux gens qu'ils reçoivent ou auxquels ils rendent visite. Aujourd'hui plus que jamais, les jeunes médecins préfèrent s'installer en ville et assèchent la France de déserts médicaux et sociaux. Le mythe du médecin de campagne s'est effrité à mesure que la société a fait de nous des urbains gavés de biens de consommation, au détriment de notre authenticité et de notre bien-être.

Les années d'internat, au-delà des fêtes libératrices, nous offrent, à nous médecins, une pratique de l'exercice médical applicable pendant toute notre vie professionnelle. Elles font de nous le praticien que l'on rêve d'être. Elles nous affranchissent des contraintes de l'étude des manuels et nous offrent de choisir une spécialité. Une envie me vient : être neurochirurgien. J'y vois la possibilité de comprendre le cerveau humain… Mais, pour devenir professeur agrégé, il faut en passer par l'écriture de nombreux articles scientifiques. En outre, la voie est longue, difficile à suivre hors de l'hôpital et je ne veux pas d'une carrière hospitalière à plein temps. Je l'avoue humblement, j'en ai ma claque des gardes de nuit et des sommeils empêchés. J'aspire à quelque chose de plus serein et de plus rémunérateur. J'opte pour l'ouverture d'un cabinet, à Antony, avec mon ami Jack Benzaken. Nous sommes ORL. Ce qui m'attire dans cette spécialité, c'est qu'elle est mixte : médicale et chirurgicale. Cela veut dire que l'on peut faire un diagnostic (otite, vertige, sinusite…) et que, parfois, ce diagnostic peut nécessiter une intervention chirurgicale. Richesse, diversité des tâches… Hélas ! deux ans plus tard, le patient se fait toujours rare.

Retour à la case hôpital, à Boucicaut. Et c'est le moment où je fais mes premiers pas à France Info… Arrive l'an 2000 où les hôpitaux Boucicaut et Laennec fusionnent pour devenir le grand navire européen Georges-Pompidou. Choc architectural et technologique : j'exerce à présent dans un monde spacieux, baigné de lumière et de technologie de pointe. Partout, l'odeur du neuf. Un confort hôtelier indéniable. Venues de tous horizons, les équipes font connaissance et déploient leurs compétences. Ensemble. Je lis, dans le regard de certains de mes interlocuteurs, que ce nouvel établissement est associé à l'excellence, que les soignants qui y travaillent font partie d'une élite et jouissent d'un statut particulier. En tout cas, je m'y sens bien, à raison de trois matinées par semaine. J'y retrouve le bien-fondé de l'exercice en équipe. Un doute sur le diagnostic ? Je discute aussitôt avec un confrère, sur place. Un besoin d'examen complémentaire ? Le rendez-vous est pris immédiatement. La formation est continue, la limite de nos compétences vite perçue, ce qui nous distingue de la pratique du privé où le sentiment de solitude peut gagner et où il faut parfois plusieurs jours pour joindre un confrère spécialiste et opter pour la bonne décision. L'hôpital, par ses moyens, protège le médecin et, par ricochet, les patients eux-mêmes, moins inquiets dans cet environnement pluridisciplinaire. Mais la qualité du lieu et des soins ainsi que le confort ambiant n'altèrent en rien mon émotivité. Je suis toujours aussi surpris qu'elle puisse me piéger. Face au calvaire du patient, à l'énoncé de son histoire et des angoisses qu'elle charrie, les larmes peuvent me monter aux yeux, mon sourire se crisper. Certes, je me contrôle, mais, entre deux consultations, il me faut parfois me poser et laisser retomber le stress. Le sentiment de toute-puissance m'est étranger. Au fond, ça me rassure : je ne suis pas une machine thérapeutique, juste un homme médecin sans autre armure qu'un certain savoir et une expérience acquise de longue date en se penchant sur les cadavres d'autres êtres humains pour les disséquer et comprendre les mécanismes du corps, de nos corps. J'en sais la finitude, y compris du mien, surtout après avoir vécu avec le crabe. Mais en savoir la finitude n'est pas s'accoutumer à la mort qui surgit sans crier gare au nom de la fatalité et se rétracte par la grâce de gestes insensés comme celui effectué un soir, au restaurant, au cours d'un dîner amical. Parmi nous, une femme, proche de ma famille, atteinte de la maladie de Parkinson, a un trouble de la déglutition. Elle fait ce qu'on appelle une fausse route : un morceau de viande est coincé dans sa gorge. Elle perd connaissance, je tente la manœuvre de Heimlich (c'est-à-dire appuyer sous le diaphragme pour lui faire expulser le morceau qui l'étouffe). Échec. Je me vois déjà demander un couteau pour procéder à une trachéotomie… Stress intense. Elle va mourir. Je plonge un doigt au plus profond de sa gorge pour attraper le bout de viande, et je le sors *in extremis* ! Sauvée ! À mon tour de m'asseoir, de demander un verre d'eau et de respirer un grand coup pour me remettre de cette acrobatie médicale.

Certains moments témoignent du merveilleux. D'autres signent la limite de notre exercice. Mais soigner la vie n'est pas soigner la mort. Là est la pierre d'achoppement de l'euthanasie. À quel moment sommes-nous dans l'acharnement ? Et l'acharnement pour quoi ? Chaque être humain doit pouvoir en décider, chaque médecin le vit à sa manière, au creux de l'intime, en son âme et conscience. Une loi ne peut pas tout régler, une loi ne peut pas se substituer au questionnement philosophique. Pour ma part, je considère que la loi Claeys-Leonetti de 2016 suffit.

Que dit-elle exactement ?

Ceci : « L'obstination déraisonnable » du corps médical et la « prolongation artificielle de la vie » du patient (articles 1 et 9) sont proscrites, y compris lorsque ce dernier est hors d'état d'exprimer sa volonté.

Le médecin peut prendre le risque d'abréger la vie du patient, en lui administrant les soins palliatifs qu'il juge nécessaires à son confort, à condition d'en informer le patient, éventuellement la personne de confiance ou un proche (article 2).

Le serment d'Hippocrate en reste le socle. Il m'arrive de le relire : « Je ferai tout pour soulager les souffrances. Je ne prolongerai pas abusivement les agonies. Je ne provoquerai jamais la mort délibérément. »

Mais, parce qu'il y a toujours un « mais » : « Je respecterai toutes les personnes, leur autonomie et leur volonté, sans aucune discrimination selon leur état ou leurs convictions. »

Et ceci, encore : « Même sous la contrainte, je ne ferai pas usage de mes connaissances contre les lois de l'Humanité. »

Reste la notion essentielle de l'accompagnement quand vient la fin de vie.

Les séjours en service de soins palliatifs doivent rester des moments de paix.

En France, nous avons la chance d'avoir des équipes itinérantes qui vont dans les familles pour adoucir les derniers jours, les derniers instants d'une existence. Ces soignants sont formidables. Ils devraient être plus nombreux. Le devoir de notre société est de leur donner les moyens d'exercer leur mission, dans la dignité, pour tous !

Qui a dit que la médecine était un art ?

Emmanuel Kant, je crois.

La Shoah, une souffrance par procuration

Tout le monde devrait un jour aller à Auschwitz. Tout le monde devrait un jour passer sous l'arche métallique qui proclame avec vice que le travail rend libre. Tout le monde devrait un jour emprunter l'allée centrale du camp où le pas ralentit naturellement, où la jambe mollit jusqu'à vous faire trébucher sur le pavé. J'ai, à quatre reprises, accompli le pèlerinage.

La première fois, c'était en 2012. Je m'étais inscrit au Mémorial de la Shoah pour un voyage de groupe. Oublieux des convenances, j'avais tôt fait de m'en éloigner, à la recherche d'une solitude paradoxalement peuplée de plus d'un million de fantômes. Besoin d'une forme de recueillement, besoin d'intériorité, besoin pour le citoyen du monde de n'en référer qu'au médecin. C'est devant le bloc 10, fait comme les autres de briques rouges jointées de gris, que la conscience du premier s'est fondue dans l'incrédulité du second. Le bloc 10, c'est celui de la méthode Clauberg, du nom de ce gynécologue allemand qui, avec sa clique de médecins nazis, se livra à des expérimentations sur les prisonnières du camp. Clauberg se piquait de procéder à la stérilisation de masse des races dites inférieures.

– Essayez, il en ressortira toujours quelque chose, avait dit Himmler.

Alors Clauberg essaya…

Il essaya l'injection de produits corrosifs dans l'utérus des femmes. Il essaya de bloquer leurs trompes avec du liquide caustique. Il n'obtint rien de probant mais continua à essayer. Pas d'anesthésie. Les choses sont de longue date documentées. Ainsi moururent nombre de femmes, dans la force de l'âge et d'indescriptibles souffrances. Qu'importe, le matériel humain nécessaire à ces funestes expériences était là, à disposition, en chair et en os. Et en nombre. Et bientôt en cendres… Certains médecins, dont le sadisme le disputait à la folie, ont agi. D'autres ont regardé et laissé faire. Tous ont été la honte d'une profession que je revendique d'exercer. Car je suis médecin. Et le médecin que je suis voulait comprendre.

Comment des hommes dont la devise professionnelle est *Primum non nocere*, « Avant tout ne pas nuire », comment des hommes ayant prêté le serment d'Hippocrate, comment des hommes dont le cœur de métier consiste à sauver des vies avaient-ils pu se livrer à de telles atrocités ? Comment pouvait-on s'affranchir à ce point de son éthique ? Frustration professionnelle ? Quête fantasmatique d'une improbable pureté de la race ? Soumission zélée à l'objectif militaire ? Avalanche de questions et d'incompréhensions. Tempête sous un crâne. Le mien. Mon crâne de médecin que meuble une certitude, une seule : l'horreur ne peut en aucun cas aboutir à des avancées médicales ou scientifiques. Oui, je voulais comprendre et la seule chose que je comprenais dans l'immédiat, c'était que la quête durerait plus que je ne l'imaginais, que mon trouble ne s'estomperait qu'au terme d'une enquête dont je n'imaginais pas qu'elle serait si longue et si fructueuse...

Auschwitz, donc...

On dit de ce genre de pèlerinage qu'il est fondateur. De retour à Paris, je me revois, aussi impuissant qu'avide d'agir au nom de ce devoir de mémoire auquel l'Histoire nous oblige, auquel l'Histoire m'oblige, eu égard à ma médiatisation. Je conçois d'y apporter ma pierre sous l'angle qui me concerne au plus près : celui du médecin qui s'interroge.

J'écrirai donc un livre.

Mais d'abord, se documenter. Lire, relire des centaines de pages, parcourir des centaines de kilomètres pour trouver des bribes de réponses dans les labos, dans les comptes rendus de procès ou les témoignages de survivants. À chaque lecture, un haut-le-cœur et cette rengaine intérieure : « Ils n'ont pas fait ça ? Ce n'est pas possible ! » Il me revient l'ouvrage monumental du docteur François Bayle. Médecin psychiatre de la Marine, il fut l'observateur officiel de la France au procès des médecins nazis, à Nuremberg. *Croix gammée contre Caducée* (paru en 1950 aux éditions Les Belles Lettres) raconte l'indicible comme le dicible des procès, sans pathos, sans fioriture. Des mots, des images par milliers, des nausées, des questions sans réponses et des pauses pour digérer les récits. L'auteur est médecin, comme moi ; je m'identifie. À mon tour, j'ambitionne de compléter le puzzle collectif alors que s'éteignent un à un les déportés survivants et que notre génération se doit de pérenniser leur calvaire pour que rien, jamais, ne soit oublié.

C'est ainsi qu'en janvier 2015 paraît *Hippocrate aux enfers*, un livre que j'ai promu avec conviction et enthousiasme, malgré le flot d'insultes d'intégristes qu'il m'a values. Car il y a une histoire dans l'histoire et elle mérite qu'on s'y attarde…

Pendant que je m'attelle à l'écriture du livre, je suis mis en relation avec un médecin qui m'assure qu'il a jadis été interne à l'Institut d'anatomie de Strasbourg et qu'il a vu, de ses yeux vu, sur place, des bocaux étiquetés « *Juden* ». En lettres gothiques.

– Ce sont des restes de déportés, me dit-il. Et, à ma connaissance, ils y sont toujours ! Vous devriez aller y faire un tour…

Je reste sur mes gardes. Je ne connais pas mon interlocuteur, n'en ai jamais entendu parler. Je suis à deux doigts de trouver suspect qu'un tel tuyau me parvienne alors que je suis justement en train d'écrire sur le sujet. Mais quelque part en moi résonne une petite voix : « C'est trop moche pour être faux… »

J'appelle le chef du service Anatomie de l'hôpital de Strasbourg. Je l'informe que j'écris un livre où il est question du docteur August Hirt, médecin nazi qui, sous l'Occupation et alors que la fac de médecine était allemande, dirigeait le service Anatomie. J'ai de bonnes raisons de m'intéresser à ce sinistre personnage qui, en son temps, avait eu la riche idée de créer un Musée juif au motif que les Juifs étaient voués à disparaître ; ça nous ferait des souvenirs… Il avait d'ailleurs, à cette fin, fait sélectionner des déportés à Auschwitz, transférés et gazés près de Strasbourg, au Struthof, autre haut lieu des expériences médicales menées sur les déportés.

Je me rends dans le service d'anatomie. Au cours de mes échanges avec le chef de service, je fais part de mes soupçons selon lesquels il resterait, dans quelque armoire fermée à double tour, des restes humains de déportés.

– Non, il n'y a rien. Tout ce qui a été trouvé a été enterré il y a bien longtemps au cimetière juif de Cronenbourg.

Je visite le service. On ouvre quelques armoires pour la forme. Rien de concret. Et je m'en retourne, non sans éprouver une forme de malaise dont je me suis souvent demandé ce qui l'avait nourri. J'éprouve quelque inconfort en empruntant l'escalier de l'Institut dont les murs peints en rouge et barrés de noir me font plus penser à la lugubre svastika qu'à la voix enchanteresse de Jeanne Mas… Ai-je voulu y voir un signe ? Mon sixième sens s'est-il exprimé à mon insu ? Toujours est-il que dans mon livre je n'élude pas l'affaire et j'écris qu'il subsiste des soupçons sur le contenu de certains placards du service Anatomie de Strasbourg. Parole contre parole. Je n'ai pas de preuve formelle. Juste une conviction forgée par des témoignages et des confidences…

Riposte immédiate de la faculté de Strasbourg qui mobilise le ban et l'arrière-ban de ses figures les plus emblématiques pour enchaîner les démentis. Pure invention ! Le président de l'université convoque la presse locale. Publiquement, il me reproche d'alimenter une « rumeur ». Face caméra, le patron de l'Institut d'anatomie en remet une couche, avec ce qu'il faut de fermeté et d'indignation surjouées pour emporter l'adhésion :

– Il n'y a pas d'armoire cachée, tout est visible, tout est clair. Il n'y a aucune pièce anatomique provenant des corps que Hirt a fait venir du Struthof et qu'il avait fait tuer pour ses études raciales…

Bref, Cymes ment ! Cymes est devenu fou ! Sur le coup, Cymes se fait tout petit. Mais Cymes a raison. Une commission d'enquête composée d'historiens et de scientifiques se saisit de l'affaire, investit les lieux et prouve la véracité de mes propos : dans un premier temps, le 9 juillet 2015, six mois après la sortie de mon livre, elle met la main sur des fragments humains de victimes juives parmi lesquels des morceaux de peaux conservés dans un bocal. Depuis soixante-dix ans… S'ensuit, deux mois plus tard, une cérémonie solennelle d'inhumation. Les fragments, déposés dans un cercueil de bois clair, sont enterrés dans le carré israélite du cimetière de Cronenbourg et rejoignent les corps morcelés de quatre-vingt-six cobayes de la médecine nazie découverts à la Libération, à l'université de Strasbourg. Leur place était là et non pas dans la vitrine d'un musée. En leur donnant une sépulture digne de ce nom, la mémoire des Hommes accomplit un devoir religieux mais surtout humanitaire ; j'éprouve quelque satisfaction d'avoir contribué à ce qu'il en soit ainsi.

Je serai convié à la cérémonie. Je m'y rendrai. Avec autant de fierté que d'affliction. Résonnent toujours en moi les points d'orgue de cette journée de septembre, la lecture du Chant des déportés et celle du Kaddish, la prière juive des morts, en présence du grand rabbin de Strasbourg, du préfet d'Alsace, du président de la région et de celui de l'université qui, interrogé par France 3, évoquera la nécessité d'un geste humain et la puissance de l'émotion partagée… Dont acte.

D'autant qu'en mai 2022 une commission internationale mise en place à la suite de mes « mensonges » publie, fruit de trois ans d'enquête, un rapport de plusieurs centaines de pages dont la conclusion est sans équivoque : la faculté a bien menti. Des lames histologiques comme des thèses écrites à l'époque de Hirt, personne n'avait voulu faire le sinistre inventaire. Tout le prouve. A-t-on sciemment essayé de cacher le passé ? Je n'irais pas jusqu'à l'affirmer. Mais il est évident qu'il est difficile pour cette faculté de reconnaître que tout n'y a pas été clair durant la guerre et que, même si l'administration était délocalisée à Clermont-Ferrand, même si la majorité des médecins qui étudiaient au temps de Hirt étaient nazis, il s'en trouvait aussi des français, alsaciens.

La presse s'est abondamment fait l'écho du rapport de la Commission d'enquête. Et c'est avec beaucoup d'amertume que je me souviens de cette conférence donnée à la librairie strasbourgeoise Kleber dans le contexte de la promotion de mon livre. La salle était pleine à craquer. Du public, partout. Assis. Debout. Sur les marches. La polémique m'avait précédé et avait pris de l'ampleur dans la région.

Ce jour-là, la tension était palpable. Et bien que le public fût acquis à ma cause, il s'était trouvé en son sein des représentants de l'université, de la faculté de médecine et des confrères (parmi eux, un « jeune » qui d'après mes souvenirs devait être vice-doyen) pour me traiter de menteur, de colporteur de rumeur. À présent, où sont ces valeureux accusateurs que la Commission, dont les travaux font foi, a définitivement traités de menteurs ?

Hippocrate aux enfers s'écoulera à 200 000 exemplaires. Ce livre m'a valu de témoigner auprès de la communauté juive et de donner des conférences dans les facultés de médecine. Celle de Lyon en recommande désormais la lecture à ses étudiants de première année. L'adaptation télévisée du livre, sous la forme d'un documentaire auquel mon ami Renaud Capuçon a bien voulu prêter son talent de violoniste, recueillera les suffrages d'un million et demi de téléspectateurs. De cela, j'éprouve autant de fierté que de frustration. Car si je suis allé au bout de mon questionnement et de ce que j'ai conçu comme une mission, je sais n'avoir obtenu que peu de réponses.

Mais au fond, ces réponses existent-elles ?

Quelles réponses apporter à ce qui a été maintes fois documenté sur la folie d'un homme, Hitler, qui contamina son peuple, sur l'histoire d'une alliance démoniaque visant à éradiquer les Juifs, les homosexuels et les Tsiganes de l'Humanité ? Tout n'a-t-il pas été dit, écrit, raconté, sur le mal suprême, né dans une Allemagne où, après la défaite de 1914-1918, on rêvait pourtant de paix pour ses enfants ? Sur la conquête du pouvoir par des élections qui, une fois remportées, furent les dernières avant longtemps ? Sur le naufrage d'une société éduquée ? Et désormais sur celui, pour moi toujours incompréhensible, de nombre de ses médecins ?

Comprendre. Encore. Toujours. Si je m'épanche sur le médecin, souffrez que je n'oublie pas l'homme.

Toubib... Et *not toubib* ! Car les recherches de l'auteur du livre sont consubstantielles de celles du petit-fils de déportés. Au fil de mes démarches, j'ai pu reconstituer les parcours de mes grands-pères. Très, trop partiellement...

Car Mendel Chochenbaum, mon grand-père maternel, a divorcé de ma grand-mère puis est parti en Italie. Ensuite, on perd sa trace. Déporté ? Oui. Parmi les derniers. À Auschwitz. Probablement a-t-il fait la Grande Marche. On l'aurait vu à Odessa après la guerre. Mes recherches auprès de la Croix-Rouge internationale n'ont rien donné. Paix à son âme.

Plus prolixe est la mémoire universelle pour Haïm, mon grand-père paternel. Le 14 mai 1941, il est convoqué au gymnase Japy, dans le 11e arrondissement de Paris. On lui conseille de ne pas s'y rendre.

– Que peut-il m'arriver ? J'ai servi dans l'armée française, allons !

Il y va. Un aller sans retour. C'est la rafle du billet vert, première vague d'arrestations massive de Juifs sous le régime de Vichy... Arrêté, déporté à Pithiviers, il rejoint Auschwitz en juin 1942. Convoi n° 4. Tout est tracé dans les bases de données du camp. Est-il mort du typhus, le 4 septembre 1942, comme indiqué sur sa fiche que je découvre lors de mon premier voyage à Auschwitz ? Ou tué par les nazis au motif qu'il l'avait contracté ? Cette maladie terrorisait les médecins-tueurs qui, au moindre soupçon, ne faisaient pas de quartier. Je ne saurai jamais…

Après l'arrestation de Haïm, ma grand-mère, Glika, se retrouve seule avec ses deux fils, mon père et son frère. Elle vécut centenaire. Je ne lui ai jamais posé beaucoup de questions sur cet épisode de sa vie, de sa si longue vie. Il m'arrive de regretter qu'il faille que le temps passe, que l'insouciance se dissolve dans la maturité pour qu'on en vienne à fouiller son histoire familiale. Et ce que je n'ai pas pu ou pas su faire avec elle, je l'ai fait avec mon père, le temps aidant… Aussi, j'en sais assez pour vous confier qu'en juillet 1942, bien après la disparition de Haïm, Glika reçut la visite d'un policier français. Un communiste.

– Partez ! lui intima-t-il, il va y avoir une rafle !

Dans la rue des Immeubles-Industriels, dans le 11e arrondissement de Paris où effectivement, le lendemain, la police fouilla les appartements des Juifs, vivait un cartonnier. Celui-ci proposa à Glika de la cacher avec ses enfants. Comme il n'était pas juif, il escomptait que son appartement serait épargné. Il le fut. Et c'est ainsi que Glika, mon père et mon oncle échappèrent à la rafle du Vél' d'Hiv'.

Ils demeurèrent un temps à Paris, dans le quartier Voltaire, chez mon arrière-grand-père maternel, lequel fut un jour emmené à son tour pour ne jamais reparaître. Puis ils se séparèrent : mon père échoua dans la Sarthe, mon oncle, à Lyon et ma grand-mère, ici et là, où elle pouvait, où la menait son instinct de survie.

Tous se retrouveraient, à la Libération.

Mais, entre-temps, que de mauvaises aventures pour mon père ! Hébergé à quelques kilomètres de Mayet chez des paysans sarthois, il va grandir en accéléré et se forger un caractère en tungstène…

Au début, tout se passe correctement au sein de cette famille où une veuve vaguement alcoolique règne sur trois enfants et quelques cousins qui font tourner la ferme. Survient alors l'événement qui va changer la donne. La veuve se rend à la mairie du village pour faire renouveler les cartes d'alimentation. Celle de mon père conserve une trace d'encre rouge, résidu d'un tampon « Juif » qui avait été apposé dessus et que ma grand-mère avait tenté d'effacer. Le détail n'échappe pas à l'œil aguerri de l'employée de mairie :

– Vous avez un Juif chez vous, dit-elle à la veuve qui, de retour à la ferme, s'invente un destin d'antisémite.

Après tout, dans la France de l'Occupation, le Juif n'est-il pas la source de tous les maux ? À compter de ce jour, les coups pleuvent, les humiliations s'accumulent et les grands garçons se déchaînent. Leur truc ? Pousser mon père, onze ans, dans les orties. Pour autant, il ne sera jamais dénoncé. Il est vrai qu'il trimait à la ferme et que ma grand-mère payait… Aujourd'hui nonagénaire, mon père assure que si par hasard il croisait ses bourreaux d'antan – Marcel et François –, il les démolirait ! De cette enfance meurtrie, il conserve une rancœur qui se traduit par un rejet global de l'Allemagne, de l'Autriche et des pays de l'Est, jusqu'à Vladivostok, qu'il accusera jusqu'à son dernier souffle d'avoir « bouffé du Juif au petit déjeuner ». Lorsque mon frère et moi tentons de le raisonner, de laisser tomber, de faire la part des choses, de le convaincre que le monde a changé, il objecte en une formule :

– J'assume !

Et on se ressert un verre.

L'histoire n'en finit jamais. Il faut dire que j'ai l'esprit d'escalier, de la suite dans les idées et une prédisposition pour les rencontres providentielles ! Un jour, je rencontre un historien, Hervé Deguine. Il projette de retracer l'histoire des habitants de sa rue : la rue des Immeubles-Industriels ! Je lui présente mon père, il l'interviewe et j'apprends à cette occasion que le courageux cartonnier, Gabriel Jean-Baptiste, a eu un garçon prénommé Bernard qui, enfant, copinait avec mon oncle aujourd'hui décédé. Bernard a eu trois enfants ; des jumelles et un garçon. Obsession : je décide de les retrouver. Chez les notaires, dans diverses institutions, partout, je cherche leur trace. En vain. Jusqu'au jour où je m'adresse à un généalogiste. Miracle ! Il les retrouve ! Les filles sont dans la région parisienne, leur frère vit dans le sud de la France ! Que savent-ils du comportement exemplaire de leur grand-père ? Pas grand-chose. J'entends aller au bout de l'histoire. Il me paraît évident de constituer et de déposer un dossier pour une demande de Juste pour leur grand-père à Yad Vashem, le mémorial israélien de Jérusalem. L'affaire suit désormais son cours, et me convainc que du pire émerge parfois le meilleur.

À ce stade, un mot sur mon judaïsme ?

À brûle-pourpoint, je vous confesse qu'il est light… Pas d'éducation religieuse en famille, pas de bar-mitzvah, pas de mariage religieux. Circoncis ? Oui ! Médicalement. Et par ailleurs le premier des Cymes à jeûner le jour de Kippour (que nous célébrons à la mémoire de ceux qui ont souffert). Je le fais depuis mes dix-huit ans et c'est le seul jour où je me rends à la synagogue. Pour le reste, pas communautariste pour un shekel… La seule manifestation à laquelle je participe est le dîner annuel du Crif, un symbole sociétal doublé d'une invitation qui ne se refuse pas. J'y croise des femmes et des hommes politiques, des chefs d'entreprise et peu me chaut qu'ils soient juifs ou pas ! Certes, je me rappelle avoir quelquefois porté l'étoile de David ou le *Haï*, offerts par ma grand-mère. Mais je ne vois pas l'intérêt de porter un signe religieux hors de chez soi. La religion, comme la foi, relève de l'intime. Nulle nécessité d'exhiber sa croyance. Car je place notre laïcité au-dessus de tout. Je ne me suis jamais considéré comme un médecin juif ; je suis un médecin français.

En résumé, mon judaïsme m'appartient. Mais j'ai conscience que j'appartiens aussi à mon judaïsme… Car on joue difficilement à cache-cache avec ses racines et si je ne m'intéressais pas à mon judaïsme, lui s'intéresserait toujours à moi. N'ai-je pas, comme d'autres enfants, été traité de « sale Juif » à l'école primaire ? Mon copain d'alors, costaud et réactif, avait réglé le problème avec l'imbécile en question en lui infligeant une petite raclée… Adulte, devenu un personnage public, Michel Drucker me fit l'honneur de m'inviter sur son canapé rouge. Ce dimanche-là, je choisis de recevoir quelques amis, parmi lesquels Renaud Capuçon. Il prit son violon et joua un morceau de *La Liste de Schindler*. Immense émotion ! Je me pinçai au sang pour ne pas pleurer en public. Qui dira la part de mon judaïsme dans cette réaction ? Était-ce le Juif, l'amateur de cinéma ou l'homme, sensible à l'indescriptible mélancolie qui suinte de l'archer de l'artiste ami, qui fut à ce point bouleversé ? Sans doute un peu tout cela…

Mon judaïsme, c'est la nappe phréatique d'un passé familial sur lequel je n'ai pas prise. Parfois, il affleure dans une remarque, une boutade ou un discours. Ainsi en 2003, lorsqu'au Sénat m'est remis le prix Claudine Escoffier-Lambiotte qui récompense le meilleur journaliste médical. J'aurais tendance à tiquer sur l'intitulé car je ne me suis jamais considéré comme un journaliste mais passons… J'officiais à l'époque à la radio, sur France Info. J'avais préparé un discours de remerciement. J'en ai encore la conclusion en mémoire : « Ce prix me bouleverse particulièrement parce que c'est la France qui me reçoit ici, en son sein… Et c'est aussi la France qui a envoyé mon grand-père à Auschwitz. » Mais ma voix s'est cassée ; tremblant, je n'ai pas pu aller au bout de mon allocution. J'aurais voulu trouver la force de leur dire qu'une partie de ma famille avait péri dans les camps, notamment mes deux grands-pères qui avaient fui la Pologne et son antisémitisme pour, vingt ans plus tard, faire le voyage retour dans un wagon plombé avec, à l'arrivée, un horizon de cheminées et un ciel de volutes de mort parce que la France, « leur » France, n'avait pas su les protéger.

Le trouble, encore, s'insinua, quand j'appris que je figurais dans le top 10 des personnalités préférées des Français dont *Le Journal du dimanche* publie régulièrement le classement. Deux destins, celui, tragique, du grand-père et celui, magique, du petit-fils. Deux destins, un seul pays. Le mien.

Oui, je me sens profondément français et c'est précisément pour cette raison que je reste attentif à tout ce qui touche de près ou de loin à l'antisémitisme. Mais faut-il être juif pour qu'il en soit ainsi ? Faut-il être juif pour dénoncer quelque forme de discrimination ou de haine que ce soit ? J'irai plus loin : faut-il être juif pour être rassuré par l'existence d'Israël ? Parce que figurez-vous que c'est mon cas… Faut-il être juif pour se féliciter que les survivants des camps disposent d'une terre promise et les Juifs du monde d'un espace protecteur ? Parce que c'est encore mon cas… Faut-il être juif pour aller à Jérusalem et y comprendre le poids de l'Histoire au pied du mur des Lamentations ou celui de la religion en visitant le Saint-Suaire ? Parce que c'est toujours mon cas… *A contrario*, faudrait-il ne pas être juif pour entretenir un lien ambigu avec Israël ? Ou s'arroger le droit de ne pas commenter publiquement sa politique ? Eh oui, c'est définitivement mon cas…

Rien n'est simple, n'est-ce pas ? Comment conjuguer des sentiments en apparence contradictoires, gérer cette ambivalence ? Je suis convaincu qu'Israël n'est pas mon pays, que sa culture m'est étrangère ; je n'y ai d'ailleurs aucune racine. Et, en même temps, l'adulte que je suis se rappelle qu'un enfant de dix ans a vu sa mère pleurer en écoutant la radio, le jour de déclenchement de la guerre des Six Jours. Alors, l'enfant, sans comprendre, a lui aussi essuyé quelques larmes… Pourquoi ? Parce qu'il était juif ? Ou parce que c'était un enfant ?

J'écris ces lignes au cœur de l'hiver 2022, en pleine tragédie ukrainienne. Des chars, des morts, l'exode de millions de vieillards, de femmes et d'enfants, le souvenir confus de Prague, Budapest, Kaboul, Grozny… Et l'Europe qui tremble. Et l'histoire qui se répète. Et ce tragique de l'humain qui m'assaille de questions sans réponses, celles d'aujourd'hui comme celles d'hier, les mêmes, révélatrices d'une inconcevable faculté à ne rien retenir des leçons du passé.

Malgré tout, oui, contre les ravages de l'amnésie, tout le monde devrait un jour aller à Auschwitz. J'y suis allé. Mes grands garçons y sont allés. Mon épouse y est allée. J'y ai convié des amis. Je sais que j'y retournerai. J'attends que le petit dernier ait la maturité suffisante pour encaisser le choc de ce pèlerinage. Et mon père… Mon père auquel il est arrivé de me tanner pour que je l'y accompagne. Oui, tout le monde devrait un jour aller à Auschwitz, mais pas lui. Pas toi, Papa. Je te connais. Je sais ta colère. À quoi bon, à quatre-vingt-onze ans, s'infliger ça ? S'infliger Auschwitz puis Birkenau, ses baraquements, ses latrines, ses mares opaques que l'on dit pleines des cendres des gazés et une Nature qui reprend ses droits sans que les oiseaux osent y rechanter. À quoi bon maltraiter sa propre imagination ? À quoi bon entacher une retraite agréable ? Malgré tout agréable… Parfois, tu racontes cette histoire survenue en 1940, aux prémices de l'Occupation. Tu avais neuf ans. Tu venais de passer plusieurs mois dans le Cantal et tu rentrais en train à Paris. Soudain, surgissent deux officiers allemands. Ils vérifient les papiers des voyageurs. Tu tends les tiens.

– *Juden !* s'exclame l'un des deux officiers.

Et l'autre de dire :

– *Ach ! Kinder…*

C'est un enfant…

Ils te rendent tes papiers puis disparaissent sans insister. C'est ce jour-là que tu as décidé que tu ne t'appellerais plus Nathan mais Jean. Aujourd'hui, tu réponds aux deux car les deux cohabitent dans une relative harmonie et je ne voudrais pas que l'un dévore l'autre. Non, Papa, tu n'iras pas à Auschwitz.

Médiatique

Ce jour-là, je ne suis pas allé à la gare Montparnasse et je n'ai pas pris le train de 7 h 19. J'ai pris ma voiture et j'ai mis France Info. Première du genre, la radio d'informations en continu a fait irruption dans le paysage audiovisuel français et c'est une révolution bienvenue. Jusque-là, comme tout le monde, je guettais l'heure ronde pour m'informer ou patientais jusqu'au soir pour ce qui s'appelait à juste titre « la messe du 20 heures », rendez-vous sacralisé que je manquais parfois à cause de mes horaires à l'hôpital.

Sur la route de Chartres, je tombe sur la chronique de la journaliste chargée de la santé. Limpide ! Elle fait ce que j'adore : expliquer au patient le pourquoi et le comment de sa pathologie. Je chronomètre son temps de parole : deux minutes, cent vingt secondes, pas une de plus.

Pourquoi ?

Parce que j'ai ma petite idée en tête…

Pendant mes gardes, pour tuer le temps, je m'entraîne. J'écris quelques chroniques. Chrono en main, je m'impose d'allier concision et précision. L'exercice m'enthousiasme. J'ai toujours aimé la radio. Dans l'intimité de ma chambre d'étudiant, elle m'a fait rêver, chanter, réfléchir et voyager alors que j'étais scotché à mon bureau. Tapie derrière une voix sans visage, la radio ouvre sur la richesse du monde. Oui, j'ai toujours aimé ce média. Un jour, avec l'aide d'une amie passée par feu Radio 7, une radio pour « djeuns », je décide d'enregistrer mes chroniques. J'apprends à poser ma voix, à respecter la ponctuation, à gérer les silences comme il existe des points d'orgue en musique, sans nuire au contenu. Je me remémore l'exercice comme délicat, un peu comme si j'avais honte de m'exprimer à voix haute devant un micro. Je parle, oui, mais en souhaitant que personne ne m'entende ! À Autoroute FM, j'envoie une de ces cassettes enregistrées dont les moins jeunes d'entre vous se rappellent sûrement le format rectangulaire et la fragilité des rubans que l'on pouvait tendre en s'aidant d'un crayon à papier…

C'est un refus. Pour être franc, je suis vexé. Mon orgueil en prend un coup. Mais pas question de lâcher : ce monde des médias me fascine, j'entends m'y frotter et réussir à en monter la première marche. Je parle de mes essais à une journaliste d'Europe 2, rencontrée lors d'un improbable rallye des informaticiens dont j'assurais l'assistance médicale. Elle me rappelle quelques jours plus tard pour me proposer d'écrire, chaque semaine, « Une minute scientifique et étonnante » qui sera lue à l'antenne par un chroniqueur maison, donc un speaker. On progresse : ma prose accède à l'antenne, moi pas encore... Mais ça ne va pas tarder car arrive le jour où le chroniqueur maison fait défection – mon petit ange me sourirait-il de nouveau ? – et où je dois lire moi-même ma petite « minute scientifique et étonnante ». La voix hésite, limite audible, mais ça passe ! Des amis me suggèrent alors de contacter France Info. Moi ?

Je me revois en route pour la Maison de la radio, cet imposant bâtiment circulaire posé sur le rivage de la Seine, dans le 16e arrondissement de Paris. Direction France Info, c'est au deuxième étage. Quelqu'un va-t-il s'apercevoir de ma présence ? Prendre le temps de m'écouter ? Je suis là, avec ma cassette... Je toque à la porte du directeur, Pascal Delannoy. Son assistante, Claudine, me reçoit et, ô surprise, en professionnelle scrupuleuse, promet de faire écouter la cassette à son patron.

– On vous rappellera. Mais vous savez, on est très satisfait de la journaliste santé maison !

– C'est pas grave, je comprends. Mais si un jour vous avez besoin de quelqu'un…

Je m'en retourne sans trop d'illusions…

Quarante-huit heures plus tard, le grand chef en personne me téléphone.

– Venez me voir, vous êtes médecin, pas journaliste, et c'est précisément ce qui m'intéresse. Vous parlez à l'auditeur comme un médecin parle à son patient, comme dans un face-à-face.

Je masque ma surprise et retiens un cri de joie. Le téléphone raccroché, j'exulte. C'est Woody Woodpecker sous amphétamines ! Je m'applaudis comme un gamin, remue dans tous les sens ! Mes glandes surrénales carburent, des flots d'adrénaline se déversent dans mon sang. Serai-je à la hauteur ? Plus question de reculer. Je n'en reviens pas ! La cassette a fait son effet, je vais apprendre un nouveau métier, je rejoins une équipe de pros, à commencer par Pascal Delannoy qu'aujourd'hui encore j'appelle « le boss » ! Lui et, plus tard, Jean-Marie Cavada m'auront ouvert des portes essentielles dans ma carrière.

France Info n'en est encore qu'à ses débuts. La station dispose de moyens limités mais ses ambitions préfigurent ce qu'elle deviendra… En douze ans, j'ai dû signer quelque 3 000 chroniques qui actent d'autant plus ma contribution à l'antenne qu'elles sont diffusées douze fois par jour ! De quoi se faire connaître. Et jalouser. Survient alors un épisode qui me marque profondément. Alors que tout se passe bien, que j'ai trouvé ma place, que les premiers retours d'auditeurs sont satisfaisants, une association de journalistes santé bien intentionnée porte plainte auprès du Conseil de l'ordre au prétexte que je n'ai pas de carte de presse. Mais je n'en veux pas, je n'en ai jamais voulu, de la carte de presse ! Je me suis fait un devoir de ne jamais la réclamer tant je me considère avant tout comme un médecin, ce qui n'empêche pas le sérieux journalistique de mes chroniques. Les infos que je traite sont médicales, point barre ! En outre, les délateurs jettent un doute sur mon honnêteté en suggérant que mes conseils santé sont des publicités déguisées... en ma faveur !

Un beau matin, je suis convoqué au Conseil. Je suis d'autant moins à mon aise que, pendant longtemps, je reprochais à cette institution, née sous Vichy, ses origines pétainistes. Me voilà dans le bureau du président, Louis René. Une sommité. Je redoute un blâme, voire pire. Surprise, Louis René se fait cordial :

– Je vous ai écouté, continuez !

L'institution accepte et valide le partage des connaissances : rien de tel pour se réconcilier avec elle ! Je finirai par prendre conscience qu'elle nous protège d'éventuels dérapages et constitue un garde-fou nécessaire. Mes réticences initiales ? Balayées ! Oubliées ! Une erreur de jeunesse.

Cette première marche aura donc été abrupte. Mais je l'ai gravie, avec la bénédiction de l'Ordre et le soutien de la direction de France Info qui protège ma liberté de parole. C'est ainsi qu'un jour, je signe une chronique, acerbe sans être diffamatoire, sur les pratiques « un peu louches » de certaines cliniques de chirurgie esthétique installées dans de beaux quartiers parisiens. Colère des chirurgiens concernés, protestations en rafales ! Aucune suite…

C'est à la même époque que de mauvaises langues me reprochent d'être à la solde des labos pharmaceutiques. Oui, il m'est arrivé de participer à des voyages offerts par ces entreprises pour assister à des congrès et profiter ainsi de cette formation continue nécessaire à tout jeune médecin. Mais je l'ai fait à la condition expresse de ne jamais avoir à citer les produits dont il était question dans ces congrès. Et j'ai tenu parole : pas de conflit d'intérêts, pas le moindre écart malgré les accusations fallacieuses dont j'ai été victime. Quand on est connu, on s'expose. Quand on s'expose, on prend des coups. Et comme je suis le médecin le plus en vue car le plus écouté, j'incarne la cible idéale.

Cette belle vitrine radiophonique de France Info m'ouvre les portes de la télévision et me mène à « Télématin ». J'y passe plus de trois ans. Je me lève à l'aube et m'en vais gérer mon trac en direct, face caméra. J'y prends peut-être trop de plaisir au goût de l'animateur qui ne supporte aucune concurrence et, par un beau matin, me fait courageusement virer par son assistante. Démoralisé mais pas découragé, je me paie l'audace d'écrire à Jean-Marie Cavada. Je ne l'ai jamais croisé mais admire son talent qui s'est maintes fois exprimé quand il présentait « La Marche du siècle ». Qui, depuis, l'a égalé ? Nommé depuis peu à la tête de La Cinquième (France 5, aujourd'hui), chaîne qui se revendique du savoir et de la connaissance, Jean-Marie Cavada me propose une émission sur la santé, « Qui vive ! », produite par Igor Barrère, monument de la télévision française, réalisateur du mythique « Cinq Colonnes à la une », magazine qui a suscité tant de vocations journalistiques. Le bougre est également médecin, créateur de « Médicales », première émission consacrée aux progrès de la médecine dans le monde. Une pointure, vous dis-je. L'aventureux gamin de la rue Myrha, qui n'en revient déjà pas de poursuivre sa découverte des médias sous la coupe des meilleurs, ne soupçonne pas le bonheur qui l'attend.

Car cette belle expérience de deux ans précède un module, « Attention Santé », et une émission quotidienne, « Le Magazine de la santé » qui, de sept minutes à sa création, passera rapidement à cinquante-deux minutes, témoignant d'un succès progressif mais durable, grâce à la bienveillance de la chaîne, au travail de l'équipe et au tandem formé avec celle qui deviendra ma complice pendant tant d'années, Marina Carrère d'Encausse. Entre-temps, j'ai quitté France Info, non par infidélité pour la radio publique et son « boss », mais en raison de la lassitude engendrée par des chroniques multiquotidiennes. Elle génère une forme de routine et pour peu qu'au fond de soi sommeille une forme de narcissisme, aggravée par le fait d'être reconnu dans la rue ou la conscience d'être un visage après n'avoir été qu'une voix, je ne vous dis pas le piège…

Quel bonheur, ce « Magazine de la santé » ! Le duo avec Marina, à la fois rigoureux et détendu, fonctionne à merveille. Bien que Marina soit médecin, elle a parfois du mal à s'imposer auprès de certains intervenants et de téléspectateurs qui s'adressent à elle comme si elle ne l'était pas. Je passe pour le « docteur », elle pour « quelqu'un qui connaît bien la santé »… Le machisme persiste malgré l'insistance des revendications féminines et l'augmentation flagrante du nombre de femmes médecins. Y ai-je contribué avec mes plaisanteries parfois douteuses ? Peut-être. Mais je n'ai plus l'âge de me refaire. Marina, grande bosseuse, rit souvent mais affiche un semblant de gêne quand je frôle la grossièreté. Régulièrement, Christian Gerin, le producteur, m'alpague à la sortie du plateau. Il me met en garde :

– Tu discrédites l'émission avec tes conneries !

Une fois. Deux fois. Promis, je me calme. Puis je recommence… Il faut dire qu'à l'époque Canal+ diffuse quotidiennement son « Zapping » qui compile les meilleures séquences des émissions de la veille. Évidemment, le « Zapping » est client de cet humour carabin dont la quintessence, isolée au montage, donne à voir et à entendre une version boostée de mes saillies, si particulières. Et quoi qu'il en dise, Christian Gerin comprend que l'humour rend plus digestes des thématiques graves et dédramatise l'info. Les audiences et les enquêtes qualitatives ne plaident-elles pas pour nous ? En tout cas, elles nous enrichissent de projets : avec Christian et Marina, je crée ma propre société de production baptisée Pulsations. Ainsi découvrirai-je d'autres aspects du métier comme la production de documentaires. La série « Les Pouvoirs extraordinaires du corps humain » et *Hippocrate aux enfers* en sont l'aboutissement.

Dans la famille Cymes, il y a aussi Franck, de neuf ans mon cadet. Nous nous sommes construits, comme souvent dans les fratries, en opposition l'un à l'autre, ce qui donne deux caractères différents : sa volubilité contraste avec ma zénitude. Nos rivalités fraternelles étant de longue date apaisées, Franck et moi formons le plus complémentaire des tandems. Je suis la vitrine, lui l'homme de l'ombre, protecteur, vigilant. Son idée : créer un « Club Santé Débat » pour diffuser l'information médicale à plus grande échelle par l'entremise de spécialistes invités à s'exprimer sur des thèmes ciblés. Nous n'aurons pas besoin de nous roder : dès la première conférence, le public répond en masse. Et le miracle se répète, où que nous soyons en France ! Les salles sont pleines à craquer, parfois jusqu'à deux mille personnes ; et il y en a autant à l'extérieur ! Sur scène, je m'enhardis. Ma timidité naturelle s'étiole, je me débarrasse de quelques complexes et savoure l'ivresse de rallier les foules grâce à mon métier. Comme une rock star ! Sept ans de conférences sur des thèmes sérieux, rarement légers, en présence d'anonymes, de notables, de figures du monde médical et de politiques, tels Alain Juppé et Christian Estrosi. Sept ans de réflexion pour Franck qui, jamais en panne d'une idée audacieuse, prolonge cette réussite en faisant de moi une « marque » *via* la création d'un magazine de santé positive, *Dr Good*, que j'incarne et qui s'écoule à 200 000 exemplaires. L'un des plus forts lancements de magazine en France ! Et voilà comment je franchis une marche de plus… Peu à peu, j'ai glissé d'une activité médicale majoritaire à une ample activité médiatique. Sans lâcher mes consultations à l'hôpital Pompidou. Sans jamais renier ma formation et surtout sans perdre ma lucidité. Les choses se sont faites naturellement, comme un enchaînement miraculeux qui ne laisse pas au doute le loisir de s'installer car, rétrospectivement, je m'aperçois qu'on est souvent venu me chercher. J'en retire une forme de confort et de sécurité, tout en veillant à ne pas « prendre le melon ». J'avance, en franchissant chaque obstacle, en relevant moult défis, mû par la passion de la transmission des connaissances qui peut me faire réagir au quart de tour quand j'entends des âneries proférées sur la médecine. Devenu sans l'avoir demandé le docteur « préféré » des Français (ce qui, entre nous, ne veut strictement rien dire), je reste attentif à mon devoir pédagogique et scrupuleux sur le plan déontologique. Manquer à ces obligations reviendrait à détruire stupidement une vie de travail.

La vie médiatique est fragile, souvent éphémère. Si tout devait s'arrêter demain, ce serait sans regret ni manque particulier car j'ai la certitude du devoir accompli. Je me consacrerais pleinement à ces amis patients qui m'occupent depuis ma retraite de l'hôpital. Là où elle se trouve, ma mère en serait rassurée, elle qui a toujours craint que je délaisse la médecine. Quant à mon père, il est tout sauf inquiet. Il apprécie que ses deux garçons travaillent et réussissent ensemble et observe tout cela d'un œil goguenard.

En 2018, je décide d'arrêter « Le Magazine de la santé ». Je commençais à m'y ennuyer.

La médecine est passionnante mais mon côté hyperactif et touche-à-tout me donne envie de continuer à la décliner autrement. France Télévisions me confie une case sinistrée, celle du dimanche à 17 h 40.

– Faites ce que vous pouvez, on verra bien !

Et on a vu : échec d'« Antidote », échec de « Vitamine C ».

Ces échecs n'entachent en rien le succès des fondamentaux de mon activité, à commencer par la régalade que constituent « Les Pouvoirs extraordinaires du corps humain » que je présente en compagnie de ma désormais très chère amie Adriana Karembeu. Côté radio, je carbure pendant cinq ans, de 2016 à 2021, dans la matinale d'Yves Calvi sur RTL avec en prime le plaisir sans cesse renouvelé d'une émission dominicale et hebdomadaire, « Ça va beaucoup mieux », en compagnie du trio composé d'Emma Strack, Christophe Brun et Patrice Romedenne.

Et Nagui ! Ce cher Nagui ! Nous nous sommes tant amusés à faire croire que nous nous détestions en animant ensemble « Tout le monde joue ». Et mon Nagui, je l'observe. À le regarder faire, on pourrait croire que tout est simple. Détrompez-vous : il bosse comme un fou, fait montre d'une étonnante culture, est d'un perfectionnisme qui confine à la maniaquerie. Sa présence galvanise, empêche le relâchement, soutient la concentration d'autrui. De ces émissions, je sors épuisé et admiratif. Pour moi, Nagui reste (avec Laurent Ruquier) une référence en télévision. Mais si ce n'était que l'animateur… Il y a aussi l'homme, d'une générosité pathologique, d'une fidélité exemplaire. Un ami.

La radio, la télé, l'écrit… Il manque, pour que la palette soit complète, une nouvelle aventure, différente et exaltante : la fiction. Naguère, mes bulletins en font foi, certains profs me reprochaient de vouloir amuser la galerie et donc faire l'acteur. Ils avaient raison et qui sait s'ils se le sont rappelé en me voyant dans le film de Thomas Gilou, *La Vérité si je mens*, avec José Garcia et

Enrico Macias. Une première apparition, rapide, limite subliminale, où je porte une blouse blanche pour ne pas déroger à la règle que je me suis fixée : rester médecin.

Mais essayer le cinéma, c'est fatalement l'adopter… Lorsque Christian Gerin décide de produire pour France 3 la série « Meurtres à… », je lui exprime mon envie de jouer de nouveau. J'y mets une condition : rester médecin dans le scénario. Banco pour un épisode intitulé *Meurtre en pays d'Oléron*. J'aborde le tournage avec une grande humilité. J'ai appris mon rôle, l'ai sans cesse répété. Je lis et relis la feuille quotidienne de service où sont détaillés les étapes du tournage, les séquences, l'habillage, les coiffures, le maquillage… Et c'est parti pour une scène avec Hélène Seuzaret, ma partenaire. Comme dans tout téléfilm qui se respecte, le scénario mentionne que je dois l'embrasser. Comme au cinéma… Mais ce qui est évident pour moi ne l'est pas pour Hélène. D'emblée, elle prévient :

– On ne met pas la langue !

Je m'interroge : quelque malotru m'ayant précédé serait-il passé outre la consigne ? Le moment venu, ma gêne est perceptible. Je vois quelques regards amusés alentour… J'ai le souvenir de joues qui chauffent, d'avoir perçu l'irruption de picotements et probablement rougi, tout ça pour le plus chaste des élans que je résumerais à un bisou de maternelle. Service minimum…

Autre plaisir : *La Doc et le Véto*. J'y joue le rôle éponyme, toujours médecin mais pour les animaux cette fois… Les scénarios sans complexité inutile témoignent d'une France riche de sa ruralité et de ses modes de vie. Chaque tournage recèle des rencontres avec des artistes dont je sais combien ils rament pour obtenir un rôle. Je mesure alors la chance qui m'est donnée d'intégrer ce monde des intermittents du spectacle sans avoir à en endurer les aléas. Mais pourquoi bouderais-je mon plaisir ? Pourquoi renoncerais-je à mes rêves ? Aujourd'hui, retraité de l'hôpital, n'y consultant plus, je me sens capable d'accepter un rôle de composition pour, enfin, ne plus être le soignant de l'histoire… Un jour, qui sait ? Au fond, je me sens bien dans tous les rôles de ma vie, si différents, parfois contradictoires, tous plaisants. Et la liste de mes envies peut s'allonger. Le théâtre ? Un beau bateau ? Ouvrir un restaurant avec mes fils ?

Ce livre fait partie du processus… Voyez-y une aide à la réflexion à une étape de ma vie, pas une ode à mon ego ! S'il peut être facile de parler de soi, ça l'est encore plus de perdre les pédales en se prenant pour un Prix Nobel. Ce n'est pas mon cas. La vie m'a gâté après m'avoir infligé, comme à nombre de mes compatriotes, des fins de mois difficiles et des découverts bancaires. Le souvenir de mes parents tirant le diable par la queue pour nous élever décemment, mon frère et moi, m'ôte toute culpabilité de gagner de l'argent. Je travaille beaucoup, je sais réunir des équipes auxquelles il arrive de dire que je leur sers de locomotive, et si la générosité du médecin passe par le soin, celle de l'homme s'exprime dans le partage. Sinon, comment pourrais-je bien dormir ?

Je sais aussi dire non. Enfin, j'ai appris…

Vous ayant préalablement et trop succinctement entretenu de ma fierté de présenter « Les Pouvoirs extraordinaires du corps humain », je souhaiterais y revenir pour vous conter mon escapade à 4 808 mètres d'altitude, sur le toit de l'Europe, ce mont Blanc qui illustrait les livres de géographie ou le calendrier des Postes de mon enfance.

Les choses naissent de l'intuition d'Emmanuel Chain et de sa maison de production Éléphant & Cie. Il envisage, à une heure de grande écoute et donc à destination des familles, de montrer et d'expliquer à quel point notre corps est fascinant, au point qu'il soit possible de le renforcer face à la maladie. Lorsqu'il me parle de ce projet, j'y adhère immédiatement. Et pour la première émission consacrée en 2012 aux limites physiques, celles que l'on se fixe et qu'en réalité on peut faire reculer, nous plantons le drapeau des « Pouvoirs extraordinaires du corps humain » au sommet du mont Blanc ! Jamais je n'oublierai les dernières centaines de mètres parcourus. Il m'en a fallu, du souffle, de la persévérance. Depuis, devant le petit écran, des millions de téléspectateurs suivent et apprécient nos aventures qui résultent d'un travail d'équipe où figure notamment ma complice, Adriana Karembeu. D'elle, j'avais l'image du mannequin iconique venue de sa Tchécoslovaquie natale. J'ignorais qu'elle avait fait trois ans de médecine avant de courir les podiums. D'emblée, sa force de travail m'épate. Les soirs de tournage, elle fait l'impasse sur le dîner pour potasser les dossiers, ce qui se traduit le lendemain par des interventions pertinentes. Il me revient qu'avant le tournage de l'émission au mont Blanc j'avais lu le projet avec Nathalie, mon épouse. Il y était mentionné que je dormirais sous la même tente qu'Adriana avant de prendre la route vers 4 heures du matin. Dormir sous la tente ? Avec Adriana ? Vous voulez savoir comment ça s'est passé ? Vraiment ? Allez, je balance : sous la tente, nous étions quinze ! Toute l'équipe était là… Notre amitié a affleuré là-haut, sur les neiges éternelles, lorsque, subjugués par la beauté du paysage vécue comme une récompense après un effort exigeant, animés d'un sentiment de liberté sans égal, ivres d'un infini silence, nous avons… malgré le manque d'oxygène… nous avons… vais-je enfin le dire… oui… nous avons… nous avons pleuré. Au demeurant, cette intense émotion, nous l'avons partagée avec le guide et nos amis techniciens qui nous accompagnaient. Je me rappelle qu'en 2006, peu avant la Coupe du monde (celle du coup de boule de Zidane), le sélectionneur de l'équipe de France, Raymond Domenech, avait embarqué les Bleus pour Tignes pour non seulement leur permettre de faire le stock de globules rouges mais aussi les initier à l'escalade qui, outre l'effort, exige solidarité et disponibilité. Il avait raison. Nos rires… nos peurs… nos solidarités… Ce qui s'est passé au mont Blanc avec l'équipe restera un moment fondateur des liens forts qui nous unissent toujours, équipes techniques (menées par Stéphane Gillot) et rédaction (dirigée par Peggy Olmi) confondues.

Je nous revois, partout, en France, dans le monde, à vivre des expériences uniques. Ma chance, mon incommensurable chance, c'est de travailler en me faisant plaisir et de me faire plaisir en travaillant.

Sorti de mon cabinet d'ORL, je deviens un médecin voyageur en formation continue et le champ de la connaissance est d'autant plus vaste que la médecine a plus évolué ces trente dernières années que durant les deux mille ans qui ont précédé, jusqu'à remonter à Hippocrate qui exerçait son art au siècle de Périclès. Les nouveaux défis sont là : l'intelligence artificielle et, bientôt, le métavers, cet ensemble d'espaces virtuels où l'on pourrait créer et explorer avec des personnes qui ne sont pas dans notre réalité physique, et vivre ainsi une vie parallèle. Mark Zuckerberg, le fondateur de Facebook, jamais en retard d'une innovation, n'a-t-il pas déjà rebaptisé sa méga-entreprise Meta ? Une révolution est en marche qui annonce la démultiplication de nos connaissances grâce à des instruments sophistiqués. Mais gardons-nous, dans notre grande sagesse, d'oublier nos fondamentaux et ne cessons jamais de privilégier l'humain, quand bien même il fonctionnerait à la croyance. Un magnétiseur, par exemple, a beaucoup à nous apprendre sur nos capacités. Les médecines complémentaires méritent plus que jamais notre attention. L'hypnose aussi.

Celle que j'ai vu pratiquée à Lausanne par un chirurgien indien m'a stupéfié. Devant moi, sous mes yeux écarquillés, le voilà qui enlève une tumeur au cerveau d'un malade sans l'avoir préalablement endormi ! Le conditionnement se fait sur une base quasi sentimentale, le patient étant invité à se concentrer sur un lieu qui lui est particulièrement agréable. En l'occurrence, il évoque une plage de la Costa Brava ! L'hypnotiseur lui raconte le sable et la mer cependant que le patient évalue tranquillement sa douleur... À la fin, il repart, toujours conscient !

Ce type d'expérience me fascine et me convainc que l'être humain dispose de ressources infinies, que sa force mentale améliore les effets d'un traitement, quel qu'il soit. Jusqu'où ? Il appartient aux chercheurs de répondre et à nous, qui faisons le métier d'informer, de nous faire l'écho de leurs trouvailles. Nous abordons désormais les pouvoirs de l'esprit, dont l'impact sur l'organisme et sur nos liens avec les autres est réel. Le cerveau reste une *terra incognita*. Par ses capacités autant que par ses secrets. Je le ressens et vous me le prouvez quand vous êtes quatre millions devant la télé (le record de l'émission) à nous suivre le jour où nous en parlons.

De la connaissance toujours plus aboutie de notre corps dépend l'un des enjeux de l'avenir : la médecine prédictive. Tôt ou tard, sous une forme ou sous une autre, nous aurons une super carte Vitale ou une clé USB qui regroupera toutes les données personnelles indispensables à la lutte contre la maladie et à l'anticipation. Savoir que nous avons un gène du cancer du poumon nous incitera à éviter le tabac dès le plus jeune âge. Ou à l'adopter en toute connaissance de cause ! Et je crains qu'il faille s'attendre à ce que les compagnies d'assurances exigent un jour de connaître notre profil génétique avant de nous dévoiler le montant de la facture... Cette pratique, la France pourra toujours l'interdire mais, avec Internet, une loi peut être contournée. Regardez les tests de paternité : en France, ils ne sont autorisés que sur demande judiciaire mais rien ne vous empêche de les commander ailleurs. La révolution numérique a réduit la planète à un village où la solution est à portée de clic comme elle était jadis au bout de la rue.

Évidemment, si la médecine prédictive peut nous être d'un grand secours, le secret médical doit rester total. C'est impératif. Non négociable. Il faut le dire et le répéter afin d'en finir avec la psychose qui pousse trop de praticiens à refuser le progrès et les maintient dans l'immobilisme. Oui, il est temps de s'ouvrir à tout ce qui peut simplifier notre vie de patient.

La téléconsultation, dont l'avènement se précise, répond à cette logique ; et pas uniquement parce que la France collectionne les déserts médicaux. Elle œuvre à combattre l'isolement et l'angoisse de patients tentés de verser dans le nomadisme médical, lequel se solde par la multiplication d'examens complémentaires aussi dispendieux qu'inutiles. Tous les bobos ne nécessitent pas un contact direct, en cabinet. Par écran interposé, un médecin peut écouter son patient, repérer un symptôme, établir un premier diagnostic avant, le cas échéant, de consentir à le recevoir. Nombre de consultations se déroulent sans que le médecin s'épanche avec précision sur la pathologie ou ait besoin de toucher le corps du patient. Surtout quand sa salle d'attente est pleine et que ça défile… Nous n'avons pas assez recours à ces solutions qui, de toute évidence, permettent de la désengorger : le renouvellement d'ordonnance par e-mail ou encore le recours aux centres de santé spécialisés habilités à donner un premier avis toujours utile, dès lors qu'il faut parfois attendre plusieurs mois pour caler un rendez-vous chez un ophtalmologiste ou un dermatologue.

L'épidémie de Covid a d'une certaine façon remis les pharmacies au cœur du dispositif. Elles ont été impliquées dans la vaccination de masse et je ne doute pas qu'elles puissent, dans un proche avenir, proposer de nouveaux services ainsi que le font les opticiens ou les audioprothésistes qui assurent des consultations de base, en préambule à une prescription en bonne et due forme. « Y a plus qu'à faire ! », comme dirait l'autre.

Les perspectives, certes prometteuses, imposent néanmoins un minimum d'encadrement. Les toubibs n'étant ni des plombiers ni des restaurateurs, il ne m'apparaît pas judicieux de proposer aux patients de les noter façon *Guide Michelin* ou Trip Advisor ! Seul le médecin est habilité à évaluer correctement. Pour bien évaluer l'acte médical, mieux vaut être soi-même médecin !

Au risque de la lapalissade, j'énonce mes certitudes : le médecin des années 2030 ne ressemblera pas à celui des années 1980. La révolution technologique et la conscience chaque jour plus affirmée qu'il nous est possible de vivre mieux et plus longtemps lui accordent une place centrale dans la société. Il se doit de l'assumer en se tenant à jour de toutes les innovations. Le croirez-vous ? Certains médecins redoutent d'entendre cet appel à l'aide : « Y a-t-il un médecin dans l'avion ? Ou dans la salle ? » Pourquoi ? Parce qu'ils sont conscients de leur inutilité en certaines circonstances. Ils ne savent pas… Ils ne savent pas comment placer le patient, ils ne savent pas comment être utile, ils ne savent pas quel geste est adapté à la situation. Un comble, non ? Il urge qu'ils se forment aux gestes de premier secours, de même qu'il urge que ces gestes entrent dans les établissements scolaires et les entreprises pour que, des collégiens aux salariés, tout le monde soit capable de les accomplir. C'est de la mécanique, du bon sens. Ça s'apprend et ça ne s'oublie pas. Accessoirement, ça créera peut-être des vocations (on me dit dans l'oreillette que j'ai récusé ce terme au début d'un précédent chapitre mais passons, vous m'avez compris...) parmi les plus jeunes... Oui, l'Éducation nationale doit être impliquée dans cette course à la connaissance. Je sais la charge des enseignants. Je sais la lourdeur des programmes que, chaque année, ils peinent à boucler. Mais je ne me résous pas à ce qu'il y ait encore, de nos jours, tant de grossesses non désirées, tant d'ignorance sur les mécanismes de la contraception, tant de traumatismes quand surviennent les règles, tant d'impuissance face à la douleur de l'endométriose, cette affection souvent tue et parfois niée, y compris par une partie du corps médical. Oui, ces sujets sont délicats. Mais ils le resteront tant que l'éducation sexuelle sera marginale. En tout cas, je perçois là plus qu'une opportunité, une obligation : celle d'aborder ces questions dans de futurs « Pouvoirs extraordinaires du corps humain »... Du corps et, j'insiste, de l'esprit ! Car notre physique dépend de pléthore de paramètres : le mental, l'environnement, l'épigénétique...

Je ne saurais trop rendre grâce à la télé qui me forme continuellement. Grâce à elle, j'explore de nouveaux territoires dont je dois prendre le temps de comprendre l'intérêt pour mieux le partager avec des millions de compagnons de route. Vous ! Oui, vous tous, que mon plaisir eût été d'emmener, avec moi, dans l'Airbus qui m'a permis de connaître le frisson d'un vol en apesanteur, dans le ciel de Bordeaux. Icare en Aquitaine ! Mon corps n'est plus, voilà que je vole ! Je garde, de ce moment magique, le souvenir d'avoir été l'enfant fasciné par Peter Pan et Jules Verne. C'en était à pleurer. À moins que c'en fût à rire. Je ne savais plus à quelle émotion céder mais j'exultais ! Et puis, comme toujours, le médecin a repris la main : après s'être émerveillé de la souplesse et de la résistance du squelette, il a pensé à l'arthrose, à l'ostéoporose, aux fractures et à la nécessité de le protéger, ce squelette ! Docteur un jour…

Politiquement vôtre

On me demande souvent si j'aimerais être ministre. Je m'en étonne et réponds par la négative. Cette ambition ne m'a jamais habité. Je me vois mal sacrifier ma liberté et ces moments de prodigieuse plénitude que m'offre la vie pour plonger dans un marigot où le plus aguerri des crocodiles risque la noyade, même s'il sait nager. Avec mon franc-parler, je risquerais à tout moment le dérapage pour finir comme mon confrère feu Léon Schwartzenberg : en 1988, après huit jours comme ministre délégué chargé de la Santé, il dut démissionner du gouvernement Rocard. Motifs : il avait proposé le dépistage du sida chez les femmes enceintes et la légalisation du cannabis. Huit jours ! Ça en fait à ce jour le ministre le plus éphémère de la Ve République et confirme au passage qu'aux manettes du pouvoir, on ne peut pas tout dire ni faire, vos adversaires voire votre entourage n'ayant d'autre but que de vous faire chuter.

Des ministres, j'en ai rencontré. En permanence remis en question ou contesté, leur travail est ingrat : non seulement il est limité dans le temps mais en plus ses effets sont souvent imperceptibles pendant qu'ils sont en fonction. Lors d'une conférence de presse pour les Jeux olympiques de 2024, je suis intervenu en tant qu'ambassadeur santé. À cette occasion, j'ai remercié les ministres présents, Jean-Michel Blanquer, Sophie Cluzel et Roxana Maracineanu. Et je ne l'ai pas fait par simple courtoisie mais parce que ces ministres, respectivement chargés à l'époque de l'Éducation nationale, des Personnes handicapées et des Sports, s'étaient tous trois montrés des interlocuteurs bienveillants pour enclencher la mise en place de moult projets qui, dans le cadre de la mission « Héritage » des JO, préparent l'avènement d'une France plus sportive qu'elle ne l'est. Ils auront contribué à cela. Mais où seront-ils en 2024, quand démarrera la fête olympique, eux qui ont quitté le gouvernement après la réélection d'Emmanuel Macron ? Qui dira ce dont ils ont été à l'origine ou, *a minima*, ce qu'ils ont facilité ? Qui se rappellera qu'ils se sont montrés à la hauteur au moment de la prise de décision ?

Les ministres passent, l'enjeu de la santé publique, lui, demeure. Il impose de prévoir, de soutenir le temps de la recherche médicale, bref d'avoir une vision à long terme, de réformer en conséquence. Or un ministre, fût-il de la Santé, fait avant tout de la politique. Et en politique, pour faire passer un message, il faut déjouer mille pièges procéduriers, se faire tacticien, parfois recourir à la mauvaise foi. Il n'empêche, j'admire l'opiniâtreté de certains hommes politiques que je me suis toujours gardé de critiquer publiquement même si je pouvais avoir des réserves sur leur démarche. Ligne de conduite : ne jamais hurler avec la meute. Alors, non à la politique politicienne ! Mais oui à la politique de santé publique !

Des ministres, j'en ai rencontré, vous disais-je… Des présidents aussi. Un particulièrement…

En 2015, Nathalie Iannetta, journaliste et conseillère aux sports auprès de François Hollande, entend former une équipe de onze personnes pour servir de tremplin à des initiatives sociétales pendant l'Euro de foot 2016. « Je souhaite que tu intègres l'équipe », me dit-elle. J'accepte. « Mais attention, lui dis-je, faire bouger les Français implique que le Président donne l'exemple ! »

Me voilà à l'Élysée. En montant le grand escalier qui se trouve à gauche dans le hall d'entrée, j'ai une pensée furtive pour le gamin de la rue Myrha. L'accueil est à l'image du Président : souriant, chaleureux. C'est d'ailleurs lui, en personne, qui vient à moi, après que l'on m'a demandé de patienter quelques minutes sur un canapé. Il m'entraîne dans son bureau. Je suis frappé par le décor aux mille dorures. J'ai une autre pensée furtive, pour certains de ses prédécesseurs cette fois. Je me dis que de Gaulle et Pompidou ont travaillé dans la pièce où je me trouve. Pourquoi eux et pas les autres ? Il est évident que tout cela renvoie à l'enfance, à mon enfance, à son insouciance, à l'idée lointaine et à vrai dire inexistante que je devais me faire du pouvoir quand, gamin, je ne pensais qu'à m'amuser sans imaginer qu'un jour, je passerais le porche de l'Élysée. Nathalie Iannetta rappelle les raisons de l'entrevue. J'ai conscience que quiconque rencontre un président de la République doit aller vite, ne pas se perdre dans les détails. *Straight to the point !*

– Monsieur le Président, on me demande de faire bouger les Français. Le premier des Français, c'est vous et c'est pour ça que vous pouvez m'aider, lui dis-je.

Il m'écoute.

Rétrospectivement, je me dis que j'avais craint qu'il tapote sur son téléphone ou regarde les dorures du plafond pendant que je parlais.

Rien de tout cela.

Il m'écoute.

Je poursuis.

Bien qu'il le sache mieux que personne, j'explique à François Hollande que sa fonction est particulièrement stressante, qu'elle engendre forcément un mauvais sommeil, qu'elle conduit à enchaîner déjeuners et dîners pas forcément équilibrés.

Il en convient.

Sans me référer à la légère surcharge pondérale qui en fait le plus normal des Français, je lui dis qu'il est probablement sédentaire, qu'il manque peut-être d'exercice : toujours en voiture, toujours pressé, il est compréhensible qu'il ne fasse pas les quelque 6 000 pas quotidiens dont ont besoin nos organismes ; et encore, c'est le tarif de base. Un travers qu'il partage avec une majorité de ses concitoyens, me plais-je à souligner, soucieux de ne pas lui donner l'impression que non seulement il a affaire à un emmerdeur mais qu'en plus il a commis l'erreur de lui ouvrir les portes de l'Élysée !

– Mais vous pouvez corriger ça ! lui dis-je.

– Comment puis-je vous aider ?

– Il vous suffit de faire ce que je demande aux Français, c'est-à-dire marcher 6000 pas par jour, et surtout de le faire savoir. Ce serait un bon levier.

– Mais comment je fais pour savoir que j'ai fait 6 000 pas ?

– Vous avez un portable ?

– Oui.

– Il suffit de télécharger une application qui vous aidera à évaluer votre niveau d'activité physique. Qu'en pensez-vous, Monsieur le Président ?

Pour toute réponse, il sourit et dégaine son téléphone portable. Surprise : c'est un vieux modèle ; on n'est pas loin du portable à clapet qui n'aurait jamais vu la queue d'une appli !

Je me retiens de rire.

– Monsieur le Président, c'est votre portable ?

– Qu'est-ce qu'il a, mon portable ?

Je suis gêné et étonné. J'imaginais que le président de la République était systématiquement équipé du dernier modèle technologique, voire qu'il jonglait avec plusieurs smartphones ; or j'ai sous les yeux une antiquité.

– Votre téléphone est très ancien, Monsieur le Président. Je ne suis pas sûr qu'il puisse contenir l'application dont je vous parle…

– Il me faut donc un nouveau téléphone. Je vais en acheter un, comptez sur moi !

Il le fera.

Quelques jours plus tard, Nathalie Ianetta me téléphone, hilare :

– Figure-toi qu'il s'est acheté un smartphone ! En réunion, il ne tient plus en place ! Certains conseillers commencent à râler parce qu'il les entraîne dans le parc de l'Élysée pour travailler en marchant ! Ils se demandent qui est le con qui l'a convaincu de se mettre à la marche !

Et moi d'imaginer François Hollande, refaisant ou construisant le monde, pas à pas, au sens propre, avant de consulter l'appli pour vérifier qu'il a bien fait ses 6000 pas à la fin de la journée…

Nous nous sommes revus à plusieurs reprises, toujours avec le même plaisir, son entregent faisant merveille. Un jour, je le croise à l'Insep, à l'occasion d'une visite officielle. Il vient à moi, me montre son smartphone et me dit :

– Vous voyez, je les fais, vos 6000 pas !

Un soir, c'est Alain Baraton qui nous réunit. Le talentueux jardinier du château de Versailles nous invite à dîner. Fidèle à sa réputation, François Hollande est en retard. En l'attendant, les convives – une dizaine – vident quelques verres et le font d'autant plus naturellement que le vin est excellent ; je comprends assez vite que ce ne sera pas mon soir de sobriété… Quand l'ex-président arrive en compagnie de Julie Gayet, je suis un tantinet pompette. On passe à table. L'occasion de vérifier que M. Baraton a décidément une cave de haut niveau. À propos de niveau, j'atteins celui de non-retour quand, au dessert, arrive ce moment mille fois vécu où l'hôte se lève et lance à la cantonade :

– Michel ! Tu as bien une petite blague à nous raconter, non ?

Moment délicat.

Quand on me réclame une blague, ce n'est pas parce qu'on s'attend à ce que je raconte une histoire de Toto. Et le malheur, c'est que, oui, j'ai toujours une petite blague à raconter… Mais pas forcément en présence d'un président ! D'autant plus que mes blagues relèvent systématiquement de l'humour carabin. Néanmoins, ce qui, à jeun, me terroriserait m'apparaît presque concevable après quelques verres : je vais donc accéder à la demande insistante de Baraton et raconter en présence de François Hollande l'inénarrable blague de l'amour tempête que la décence m'interdit de détailler ici. Et là, comment dire… Peut-être avez-vous déjà ressenti cette sensation étrange qui s'empare de l'entièreté de votre être quand, mue par quelque audace venue d'on ne sait où, une partie de vous fait avec conviction et entrain quelque chose que l'autre partie de vous vous recommande chaudement de ne pas faire ? Chaudement, c'est le terme : ma température corporelle monte en flèche, je suis en nage, une dizaine de paires d'yeux me fixent, dont l'une présidentielle, dont une autre où il me semble distinguer un mélange d'affolement et de confiance ; c'est ma femme et son regard revolver. La blague est longue, d'une salacité graduelle et croissante, plus adaptée à l'ambiance d'une salle de garde qu'au prestigieux décorum versaillais... Plus j'avance dans le récit, plus je me dis que je suis fou. C'est un peu comme sauter d'un avion en se demandant si on n'aurait pas par hasard oublié le parachute. À chaque étape de l'histoire – qui m'oblige à me lever parce qu'il faut mimer d'improbables scènes –, bien que grisé par la situation, resurgit ce zeste de conscience qui me rappelle que François Hollande est là et, si complice et bienveillant qu'il puisse être, pourrait ne pas apprécier. Fin de la blague. Je suis debout. J'ai le souvenir d'avoir déclenché des rires qui n'étaient pas que de politesse et d'en avoir été suffisamment rassuré pour en raconter une seconde dont la chute est elle aussi assez gratinée.

Quelques semaines après ce moment surréaliste, je recroise François Hollande, me confonds en excuses, lui dis toute ma gêne et lui fais cette confidence :

– Monsieur le Président, quand je dis à mes amis que je vous ai raconté la blague de l'amour tempête, ce n'est pas la blague qui les fait rire mais le fait que j'ai osé la raconter devant le président de la République.

Dans sa grande mansuétude, regard malicieux et sourire en coin, il me répond :

– Et vous leur avez dit que je ne l'avais pas comprise ?

Merci Monsieur le Président ! Même si je n'en crois pas un mot…

Qui a dit « grippette » ?

Novembre 2019. De Wuhan, ville située en Chine centrale, nous arrive la plus grande crise sanitaire de l'histoire contemporaine. Souvenirs des cartes de mon enfance accrochées aux murs de la classe : vue de mon Paris natal, la Chine m'apparaît si mystérieuse, si éloignée, dans un monde si vaste… Enfant, je n'imagine pas y mettre les pieds un jour. Adulte, j'en suis l'évolution d'un œil distrait, fasciné par l'éclosion de mégalopoles toujours plus grandes, toujours plus clinquantes, toujours plus à l'avant-garde de la modernité. C'est en tout cas ce dont la gazette se fait l'écho à propos de l'empire du Milieu dont la croissance s'inscrit dans cette mondialisation qui insiste sur ces villes *high-tech* sans trop s'attarder sur les animaux qui vivent au pied des gratte-ciel…

Et soudain, la planète se fige. Visions hallucinantes d'une tétraplégie foudroyante. New York se tait, qui se vantait de ne jamais dormir. Paris se fait désert de bitume. À Rome, l'herbe pousse sur le pavé de Piazza Navona. Quelques animaux s'enhardissent au point d'explorer les lieux comme pour suggérer furtivement que la Nature se sent à l'étroit…

C'est à la fois inédit et familier. D'où me vient ce sentiment de déjà-vu ?

Sans doute du film *Alerte*, sorti en 1995. J'avais été impressionné par cette histoire de virus introduit *via* un singe importé du Zaïre par des trafiquants puis relâché dans une forêt avant de ravager la Californie. Terreur de la contagion. Soignants accoutrés en cosmonautes. Réminiscences de cinéphile… Et cette question qu'il revient au président des États-Unis de trancher : faut-il, pour protéger le reste du pays, raser la ville qui concentre l'épidémie ? Et en conséquence provoquer la mort de milliers d'Américains… Hollywood excelle à imaginer le pire pour mieux nous offrir la meilleure des *happy ends* avec, en l'occurrence, l'inévitable héros, le colonel Sam Daniels, médecin militaire et virologue. À toutes fins utiles, je confesse ici être prêt à camper le personnage dans un futur *remake*. Car oui, je me sens l'âme d'un Dustin Hoffman capable de sauver le monde. Dans mes fantasmes.

Quel est-il, ce virus qui, en 2020, assigne à résidence quatre milliards d'individus ? Je suis comme tout le monde, je le découvre. Il infecte les voies respiratoires, s'attaque aux plus fragiles, ne stagne pas dans l'air, se transmet par ce qui relie les humains : les mains bien sûr (on a tendance à les porter machinalement à la bouche, au nez ou aux yeux, portes d'entrée royales pour tout virus en quête d'un organisme à contaminer), mais aussi les postillons ou l'émission d'invisibles gouttelettes de salive lorsqu'on se parle. Le virus se pose sur les objets du quotidien et dispose, avec la complicité des poignées de porte, des boutons d'ascenseur ou des barres d'équilibre auxquelles on s'agrippe dans les transports en commun, d'une stupéfiante capacité à voyager ! Il donne une maladie qu'on a baptisée Covid-19, parce que c'est l'acronyme de *COrona VIrus Disease* – « maladie », en anglais –, et qu'elle est apparue en 2019.

Face au risque infectieux, la meilleure protection consiste en l'adoption d'une série de gestes qui éloignent le danger sans jamais l'éliminer : porter un masque, se laver les mains, rester chez soi, aérer son intérieur, garder ses distances avec autrui. À bien y réfléchir, tout cela relève d'un bon sens basique dont, au fil du temps, nous nous sommes affranchis au prétexte que le progrès, les produits chimiques sophistiqués au merchandising étudié et les étiquettes qui flashent régleraient tous nos problèmes alors qu'il suffit d'ouvrir matin et soir nos fenêtres pendant une dizaine de minutes pour chasser l'air vicié qui peut nous faire tant de mal. Ce minimum sanitaire, crois-je savoir, n'est pas systématique dans les écoles de France ; c'est dommage…

En attendant, le virus nouveau est arrivé. Et il est moins festif que le beaujolais. Il affole autant qu'il mobilise. Les scientifiques cherchent, analysent, expérimentent, réfléchissent, courent après son origine et la parade à lui opposer. Les politiques viennent aux nouvelles, gèrent, décident. À beaucoup d'entre eux, je tire mon chapeau car, s'il est aisé aujourd'hui de réécrire l'histoire, ils ont tout de même fait le job et l'ont fait dans l'urgence qu'impose l'avènement désormais acté d'un autre monde : celui de l'information en continu. Jour et nuit, elle compte les morts, les hospitalisations, les contaminations. Cinquante morts annoncés à midi et répétés une heure plus tard font cent morts dans l'esprit du téléspectateur captif. Multipliez ça par le nombre d'heures passées à s'intoxiquer devant la télé et votre rapport à la réalité – déjà déplaisante – vous mène droit à la dépression !

En pleine pandémie, cette litanie anxiogène bat des records. Loin de la tranquillité d'un cabinet médical et de l'intimité d'une consultation, les plateaux télé bruissent de rumeurs puis résonnent d'une cacophonie qui favorise l'emballement. Un impératif : comprendre. Mais le temps de la compréhension s'accommode mal de l'impatience journalistique. Alors on meuble, à coups de mots et d'images que chercheurs, épidémiologistes, virologues, médecins voire experts autoproclamés, en permanence sollicités, sont sommés de commenter afin qu'émerge un avis que chacun voudrait définitif quitte à ce que la copie soit revue le lendemain. Le temps scientifique, qui demande patience, rigueur, savoir, mesure, vérification et validation, est balayé par le temps médiatique avide d'une instantanéité qui finit par rendre dingue, surtout quand le rejoint sa calamiteuse progéniture, le temps numérique, qu'une simple connexion wi-fi permet de maîtriser…

J'aurai à en éprouver les affres aux prémices de la pandémie, en mars 2020. À France Télévisions, décision est prise d'une soirée spéciale pour informer la nation avec des spécialistes et des ministres qui deviendront très familiers aux Français. Pas toujours pour le meilleur. Sujet star de l'émission : le masque. En avoir ou pas. Le porter ou pas. Malade ou pas. Dans la rue ou à l'intérieur. Ce masque, on en parle d'autant plus qu'on n'en voit pas l'élastique. Et pour cause : la France en a depuis longtemps stoppé la production. Les stocks sont faméliques et ça commence à se savoir : pour preuve, rackets et cambriolages ont commencé dans les hôpitaux ! Ce soir-là, je mène les débats avec Emma Strack, journaliste spécialisée santé. Comme toujours, j'ai le souci d'une info complète, concrète, juste et rassurante. Mais je mesure qu'en direct, au cœur de l'événement, chaque mot compte et que la nervosité ambiante complique sérieusement la mission d'informer. Regardons-nous ! Ne sommes-nous pas tétanisés ? Regardez la méfiance s'installer à tous les niveaux des relations humaines ! On ne se touche plus, on ne s'embrasse plus, on évite l'autre, même si c'est un proche !

Mais on se parle encore.

Alors, je me lance :

– Le masque est-il utile ?

Je réponds :

– Oui, si on est malade !

Et j'ajoute :

– Non, si on n'est pas infecté par le virus.

En prononçant ces mots, je l'avoue, je m'interroge moi-même. Dilemme. Entre moi et moi. Évidemment, il faut rassurer. Mais pour ce faire, il faudrait que je le sois moi-même ! Suis-je suffisamment bien informé pour dire aux Français ce qu'il en est ? Médecin et présentateur dit « vedette », j'avance avec précaution.

France 2 toujours, autre soirée spéciale présentée par Léa Salamé et Thomas Sotto. Au cours de l'émission, le ton monte entre deux des invités, Gabriel Attal, le porte-parole du gouvernement, et Nadine Morano, la députée européenne. Morano accuse :

– Le gouvernement cache des choses !

Je suis assis à une autre table avec Karine Lacombe, grande spécialiste des maladies infectieuses à l'hôpital Saint-Antoine à Paris ; elle deviendra l'une des expertes les plus demandées durant la crise. Lorsque Nadine Morano quitte le plateau, on m'invite à prendre sa place.

Sidéré qu'une responsable politique puisse, sans aucune preuve, tenir des propos aussi inquiétants, je le dis. Je parle d'irresponsabilité.

– Nous sommes dans une crise sanitaire telle qu'il faut rassurer ; quand on est un responsable politique, on ne tient pas ce genre de propos.

Quelques jours plus tard, Nadine Morano m'envoie plusieurs SMS accusateurs : « La situation est plus grave que ce que vous en dites. » J'entends rester fidèle à ce qui a toujours été ma ligne de conduite : expliquer, rassurer.

Les jours suivants, j'en remets une couche dans ma chronique matinale sur RTL où je moque au passage deux autres politiques : Nicolas Dupont-Aignan, qui porte son masque à l'envers, et Marine Le Pen, qui veut fermer les frontières. J'explique avec un brin d'ironie qu'un virus, ça n'est pas un moustique et une frontière, ça n'est pas une moustiquaire. Et j'ai droit, là encore, à des messages de Dupont-Aignan et à un violent SMS de Marine Le Pen. Je décide de ne pas répondre.

Nadine Morano, elle, ne se contente pas de m'écrire. Elle tweete ! Et conclut par « Cymes #grippette ».

C'est le moment de parler bande dessinée : avez-vous lu *L'Affaire Tournesol* paru en 1956 dans la collection des aventures de Tintin et Milou ? Sans doute... C'est dans cet album que le capitaine Haddock se retrouve avec un sparadrap collé à l'index. Il souffre mille morts pour s'en débarrasser. L'une des scènes les plus burlesques imaginées par Hergé. Eh bien, la « grippette », c'est mon sparadrap à moi ! En deux mots et un hashtag, Nadine Morano vient de me le coller dans le dos. Morano m'accuse, à tort, d'avoir ainsi résumé la pandémie : « grippette » ! Il suffit d'un clic pour enclencher le rouleau compresseur de la calomnie. Le ventilateur à merde, comme le dit Roselyne Bachelot, est en route ! Les réseaux sociaux, surtout ceux de l'extrême droite, s'emparent du hashtag. J'assiste, impuissant, à une sorte de version numérique de la mitose du mensonge. Grippette : Cymes a voulu minimiser le péril !

Mais il y a un problème : je n'ai jamais dit que le Covid était une « grippette ».

Je mets au défi tous les fins limiers du Net et tous les princes du *replay* de retrouver cette phrase. Je leur souhaite bon courage pour la simple et bonne raison que, cette phrase, je ne l'ai jamais prononcée. Tout ce qu'ils trouveront, c'est un extrait de l'émission télévisée « Quotidien » où, c'est vrai, j'emploie le mot tabou.

Question de l'animateur, Yann Barthès :

– Est-ce une grippette ?

Ma réponse, toute simple :

– Non, ce n'est pas une grippette !

Soit exactement le contraire de ce que colportent les réseaux sociaux ! Mais ils n'ont que faire du réel, les réseaux sociaux ! Seuls leur importent la rumeur et ses effets contaminants. Aux oubliettes les faits, pourtant facilement vérifiables. Personne ne m'a appelé pour simplement me poser la question : « Quand avez-vous parlé de grippette ? » Parfois, il m'est arrivé de réagir, notamment après une double mise en cause par Bruno Masure sur Twitter et par Jean-Pierre Foucault sur un plateau télé. Parce que je les respecte, je les appelle. Je leur demande s'ils m'ont vu ou entendu prononcer le mot « grippette ». Réponse : non. Malgré les montages vidéo fallacieux qui circulent alors ! Quelques échanges suffisent à les éclairer. Ils reconnaissent leur erreur et leur jugement précipité, s'en excusent et on raccroche, bons amis. Au passage, Bruno Masure, philosophe à ses heures, me fait partager sa sage vision du monde :

– Quand on est en vitrine, on prend toujours le premier pavé dans la gueule, me dit-il.

Belle et juste image. Or il se passe que je suis en vitrine, je l'ai même voulu… Les pavés font mal, c'est vrai, mais je ne veux pas exagérer la capacité de nuisance des quelques milliers de haineux qui les balancent. Que représentent-ils par rapport à soixante-sept millions de Français qui, dans leur immense majorité, se comportent avec amabilité ?

Quand, plus tard, à froid, pour en finir avec cette « grippette », viendra le temps de l'explication, la presse titrera : « Cymes fait son *mea culpa* ! »

Sérieux ? *Mea culpa* de quoi ?

Il n'est jamais agréable de tournoyer dans la lessiveuse de l'emballement médiatico-numérique. Mais si ce n'était que ça, ma modeste, ma misérable, que dis-je, ma lilliputienne personne dût-elle en souffrir, ça irait encore ! Le problème, c'est que tout cela entame la confiance des Français dans l'information santé qui est d'une exigence insoupçonnée. Cette confiance commande de convaincre sans sermonner, de dire la vérité sans effrayer. Cette confiance impose de trouver les mots qui rassurent même quand on ne sait pas ; et c'est difficile pour un médecin de dire à un patient, qui n'est pas prêt à l'entendre, qu'il ne sait pas. Cette confiance souffre trop souvent de procès en sorcellerie fomentés dans ce *far-west* numérique que sont les réseaux sociaux livrés aux incompétents autoformés. Et c'est ainsi que s'ouvre le boulevard des *fake news*...

N'étant pas le perdreau de l'année, j'ai conscience que le fait de croire en des complots chimériques remonte à la nuit des temps. Je m'en suis d'ailleurs ouvert en préfaçant un livre publié par l'Inserm, la recherche scientifique étant toujours soucieuse de replacer l'église de la vérité au centre du village santé. J'y expliquais que nos livres d'histoire regorgent d'épisodes révélateurs de la criminelle sottise des Hommes. Pendant la Révolution, la France n'a-t-elle pas connu la Grande Peur qui conduisit à moult jacqueries censées prévenir un massacre ourdi par les aristocrates, massacre qui eut d'autant moins lieu qu'il n'était pas programmé ? N'a-t-on pas, jadis, improvisé des pogroms pour punir les Juifs d'avoir supposément empoisonné les puits, favorisant ici la propagation de la lèpre, déclenchant là une épidémie de peste noire, forfaits dont les malheureux étaient innocents ? Et que dire des hurluberlus qui, dans les années 1980, affirmaient que le virus du sida avait été conçu dans un laboratoire américain pour des motifs d'autant plus indicibles qu'ils étaient inconnus ? Pour que se propagent de telles foutaises, il n'est besoin que d'une fausse information et d'une bonne dose de crédulité. Nous l'observons chaque jour, aucun secteur n'y échappe et celui de la santé, hélas !, en déplore les dégâts.

Dans cette préface – à laquelle j'entends donner ici un écho supplémentaire en en reprenant quelques lignes – je m'interrogeais : tous coupables ? Il y aurait quelque injustice à blâmer collectivement les acteurs de ce théâtre de l'absurde où se côtoient l'escroc anonyme du Net qui poste une ânerie sur les réseaux sociaux, celui qui relaie de bonne foi et des responsables qui se signalent par leur irresponsabilité. N'empêche… Quel prestige reconnaître à la fonction présidentielle dès lors que Donald Trump célèbre l'avènement d'un concept, celui de vérité alternative, ouvrant ainsi les vannes du grand n'importe quoi ? Quelle considération devoir à la Chine qui, aux prémices de l'épidémie, cache des données essentielles à l'Organisation mondiale de la santé, altérant ainsi les chances de contrer efficacement le virus ? Quelle confiance accorder aux leaders d'opinion que manipulent certains hommes politiques dont on pourra regretter qu'ils se distinguent des hommes d'État en ce qu'ils se préoccupent plus de la prochaine élection que de la prochaine génération ? Quel crédit donner aux revues scientifiques dont certaines, parmi les plus prestigieuses, ont pu faillir ? Quelle appétence avoir pour une presse en crise de moyens, soumise à l'urgence et, en conséquence, parfois peu encline à prendre le temps de la vérification ? Ces coupables défaillances alimentent un tapage d'autant plus sonore que les réseaux sociaux, amplificateurs, ont consacré l'horizontalité des savoirs. Sur le Net, une voix en vaut une autre ; peu importe ce qu'elle vocifère. Roués, les falsificateurs vous vendent une opinion frelatée pour une information bétonnée et font que l'emporte la croyance individuelle sur la connaissance universelle. Leur truc consiste en une inversion de la charge de la preuve : ils n'attendent plus de la communauté scientifique qu'elle démontre quoi que ce soit mais exigent qu'on leur prouve que ce qu'ils disent est faux ! Imparable, cette entreprise de décérébration égratigne le prestige du savoir au sens le plus large du terme, abîme le vocabulaire, déstructure la pensée, mutile l'histoire et insulte la mémoire comme en témoigne la banalisation de l'emploi de certains termes chargés de sens : voilà pourquoi j'ai renoncé à discuter avec les antivax qui, à coups de « nazisme », de « Shoah » ou de « dictature », dégradent le débat en un foutoir où l'insulte sert d'argument.

Ainsi prospère la complosphère, cette usine à *fake news* dont les artisans, plus retors qu'on ne l'imagine, mènent une guerre aux enjeux décisifs. En effet, il fut un temps où le complotisme ne prospérait qu'auprès de populations culturellement défavorisées. Un diplôme, quel qu'il fût, suffisait à servir d'antidote au poison de l'intox. Tel n'est plus le cas. Aujourd'hui, les thèses complotistes gagnent du terrain. Elles essaiment jusqu'au sein de nos universités – au pays de Descartes, soit dit en passant… Dès lors, nous ne sommes plus en présence d'une curiosité ou d'un mouvement marginal mais face à un phénomène social, symptôme de l'état de nos sociétés où fertilisent l'angoisse de l'avenir et la défiance envers l'autorité, où la crise économique et le déclassement nourrissent la perte de l'estime de soi, conduisant à la nécessité de s'inventer une famille où solidarité et communauté de pensée (quel qu'en soit le contenu) redonnent un peu de courage aux plus vulnérables. Le choix paresseux d'une forme de confort dans un monde chaque jour plus complexe…

Ne mésestimons pas, concluais-je, la montée de cette opinion encore fragmentaire, satellitaire, mais susceptible de coaguler un jour. Pour déboucher sur quoi ? Sans doute sur quelque chose qui n'augure rien de bon pour l'avenir de la Démocratie, un modèle dont on peut contester certains aspects – c'est même son principe – mais qui reste, pour parodier Churchill, « le pire des systèmes à l'exclusion de tous les autres »... À ce stade, il convient de citer Voltaire : « Rien n'est plus dangereux que lorsque l'ignorance et l'intolérance sont armées de pouvoir. » Entre les antivax, les ennemis de Big Pharma, les théoriciens du complot mondial, les inquiets de la 5G, les pourfendeurs de Bill Gates et les platistes, mille constellations peuplent la galaxie *fake news*. Pour l'heure, elle ne dispose ni de leader incontesté, ni d'idéologie commune. Mais le propre d'une galaxie n'est-il pas d'être en expansion ?

Si cette recomposition de l'opinion, actant l'émergence d'un mouvement de contestation systématique qui vise indifféremment les profs, les patrons, les élus, les journalistes et autres méchants, interpelle le citoyen, elle inquiète carrément le médecin. Car c'est de notre santé qu'il s'agit ! Je ne m'explique toujours pas que, face à une pandémie, dans un état d'urgence planétaire, quelques idéologues aient chipoté au nom de leur liberté sans se soucier de celle d'autrui quand il a été question de se faire vacciner. Le principe de la vaccination a, de longue date, prouvé son efficacité. Voilà des décennies que l'on vaccine et que l'on sauve des vies. À quel niveau d'amnésie faut-il se situer pour oublier que la vaccination a permis l'éradication de la variole ou que la rougeole, il n'y a pas si longtemps, tuait abondamment ? Dans quelle improbable bulle prophylactique faut-il vivre pour, du bénéfice-risque, ne revendiquer que le bénéfice et rejeter le risque, si résiduel soit-il ? Du haut de quelle montagne d'égoïsme faut-il s'exprimer pour contester le bien-fondé des onze vaccins obligatoires que reçoivent les nouveau-nés et qui constituent autant de chances d'éviter le pire à la quasi-intégralité d'entre eux ? Car si l'on se vaccine pour se protéger, on le fait aussi pour protéger les autres. Et je reste à jamais pantois face à l'attitude incompréhensible des soignants qui envisagent leur métier sans avoir le réflexe de protéger leurs patients. À la lumière de la pandémie, se sont révélées leur peur et leur inconscience. Et si la France ne compte que 80 % de vaccinés contre le Covid-19 (c'est mieux que si c'était pire...), j'estime que leur responsabilité est engagée et que le Conseil de l'ordre fait preuve d'une étrange mansuétude à leur égard. La communauté médicale ne peut plus accepter qu'un médecin dérape en tenant un discours antivax sans recourir à des sanctions. Le Conseil de l'ordre qui, aujourd'hui, ne peut agir que sur plainte, doit avoir un comité de surveillance, de veille. Et à chaque fois qu'un médecin s'exprime dans les médias avec des arguments contraires à la vérité scientifique du moment, il faut qu'il soit convoqué et sommé de s'expliquer sur-le-champ ; pas des mois après. L'histoire de la médecine est peuplée de charlatans dont l'immoralité, *a posteriori*, fait sourire ; mais au moins les dégâts occasionnés se limitaient-ils à leur patientèle. Aujourd'hui, la caisse de résonance médiatique démultiplie leur audience. Le professeur Raoult ne s'est-il pas félicité de disposer d'un « théâtre mondial » tout en me reprochant de « ne parler que dans les cafés » ? Mais à théâtre mondial, nocivité mondiale : il a fait la promotion d'un traitement dont l'efficacité n'a pas été prouvée. J'en suis encore à me demander pour quelles raisons le président Macron a pris son avion pour aller le voir, lui accordant ainsi beaucoup trop d'importance.

Oui, je sais, j'ai moi aussi une grande gueule ! Je l'admets volontiers. Mais elle ne m'a jamais conduit à m'affranchir de mes responsabilités ni à me soustraire à de régulières et salvatrices remises en question. Dans ces optiques, rien ne vaut la formation permanente et le terrain : la première consiste à lire des revues scientifiques et à échanger avec mes pairs pour compléter ma connaissance d'une matière en perpétuelle progression, la seconde, à rester au contact du patient. C'est pour cela que, même accaparé par moult activités télévisuelles, j'ai toujours conservé une consultation à l'hôpital Georges-Pompidou, à Paris. Essentielle. Indispensable. Même si l'enjeu est au fond le même dans l'intimité du cabinet médical et sur un plateau de télévision, cette consultation me ramenait à ce qui constitue l'ADN de mon métier : appréhender la maladie, savoir gérer la délicate responsabilité de l'annoncer, trouver les mots justes, enrober la vérité d'une nécessaire douceur, entamer un dialogue, redonner espoir, soupeser son opinion avant de l'exprimer et, le cas échéant, savoir mettre son ego dans sa poche pour reconnaître qu'on ne peut tout maîtriser, savoir, prévoir.

C'est au nom de ces principes qu'en avril 2020 je réponds à un e-mail sollicitant toutes les bonnes volontés pour assurer des gardes à l'hôpital saturé. Je n'oublierai jamais mes premiers pas dans l'unité Covid, en réanimation, à l'hôpital Pompidou. Précautions drastiques : blouse, surblouse, gants, masque, visière, lunettes, charlotte, surcharlotte… Réanimateur est un métier. Ce n'est pas le mien. Alors j'aide : nettoyage de toutes les surfaces, surveillance, manutention de matériel, de corps également… Ainsi, ce jeune obèse de 130 kilos qu'il a fallu placer dans des bâches, oui, des bâches, une seule ne suffisant pas. On s'y est mis à plusieurs.

Je conserve, de cette séquence de vie, le souvenir de moments étranges et poignants où des malades, tous intubés à l'identique, décèdent d'une même pathologie, parfois après de brefs adieux faits de l'autre côté de la vitre. Je revois les soignants, tenus éveillés par une admirable conscience professionnelle autant que par ces litres de café soluble déversés dans des gobelets en plastique. Par l'entremise d'une amie bien placée, je leur ferai livrer des machines à café, celles vantées par Mr George Clooney, pour un breuvage plus consistant, plus énergisant qu'un jus de chaussettes. Je repense à la stupeur de ces infirmières qu'engueulent par téléphone des familles réclamant, en réa, un traitement à l'hydroxychloroquine ! L'invisibilité du virus ajoute à l'angoisse et le soir, à la maison, le retour au calme se satisfait de douches multiples et de l'isolement : au lit conjugal, je préfère la chambre d'amis. Mais le virus a des ressources : il finira par me rattraper, malgré deux doses de vaccin, avant l'ultime rappel ! Deux jours de rhume, une grosse fatigue, la perte du goût et de l'odorat pendant trois semaines... J'ai eu droit à une forme somme toute bénigne et j'y vois l'effet de la vaccination dont je n'ai de cesse de vanter les bienfaits. Nous les devons à l'extraordinaire célérité des chercheurs et à ce miraculeux ARN messager qui, dans un avenir proche, assurera d'autres victoires sur d'autres maladies. Je souhaiterais d'ailleurs qu'à l'occasion de cette crise sanitaire mondiale soit posée la question de la cession des brevets aux pays pauvres, qui ont été négligés. Il va de soi que je suis pour.

Au moment où s'écrivent ces lignes, la maladie semble sous contrôle. Répit temporaire ? Nul ne sait. Seule certitude, elle demeurera parmi nous sous des formes diverses, imprévisibles aujourd'hui. Et elle n'empêchera pas l'apparition d'autres virus, voire d'autres pandémies auxquelles l'urbanisation, la réduction de l'habitat animal et l'explosion démographique préparent un boulevard dont on espère qu'il ne mènera pas au caveau de l'espèce humaine. Pour être honnête, je n'aurais jamais écrit cela il y a quatre ou cinq ans tant j'ai foi en la médecine et en la science. Mais les virus mènent la danse, confirmant notre fragilité et, en miroir, la puissance de la Nature.

Néanmoins...

« Vivons heureux en attendant la mort ! » disait Desproges. Être conscient de la menace sanitaire ne signifie pas renoncer au plaisir. Nous restons maîtres de notre hygiène de vie, de nos choix, de notre comportement individuel. En changeant de paradigme, on peut favoriser les bons gènes, booster notre résistance aux risques. Pour ma part, je prône plus que jamais la prévention, l'attention à soi. Et cet impératif passe par trois chantiers : le dépistage, l'éducation et le sport.

Aujourd'hui, la sécurité sociale prend en charge le dépistage de certains cancers. Elle nous envoie, à certaines périodes de notre vie, un courrier invitant ici à une mammographie, là à un examen colorectal. Encore faut-il que nous l'ouvrions, ce courrier ! Faites donc ! Ne le laissez pas traîner sur la commode de l'entrée ! C'est gratuit ! Un dépistage précoce augmente les chances de guérison. Ce dépistage national pourrait être conforté par le développement de la téléconsultation, utile pour pallier les effets de la désertification médicale qui conduit trop de patients à se désintéresser de leur santé.

En matière d'éducation aussi, il y a tant à faire. Hygiène, sexualité, alimentation… L'état de notre médecine scolaire, pauvre et trop peu reconnue, ressemble à celui de notre médecine du travail. La France se prépare une génération de malades chroniques alors que l'obésité, l'hypertension, le diabète (ceux qui en souffrent furent les premières victimes du coronavirus) pourraient être contenus par de bonnes habitudes alimentaires. Hommage soit rendu aux cantines scolaires soucieuses de concevoir des repas équilibrés mais il en faut plus pour débarrasser nos cuisines de la malbouffe, des chips et des sodas dont la surconsommation est mère de toutes les sédentarités, ce qui m'amène au troisième chantier : la pratique sportive.

Bougez ! Cette injonction, mille fois énoncée, souffre d'autant moins la contestation que fleurissent, dans nos villes, agrès et autres appareils à disposition des amateurs d'exercice physique. Mais il en faudrait plus. Partout. Même chose pour les pistes cyclables. L'offre est réelle, développons-la ! La France, qui s'apprête à accueillir les Jeux olympiques, peut-elle tolérer que 80 % de ses enfants ne fassent du sport qu'à l'école ?

L'enjeu de la prévention m'obsède au point que j'ai entamé des cycles documentaires sur les pouvoirs du corps – par la télévision, on touche le plus grand nombre. Faire connaissance avec son corps, mieux s'en occuper, mieux en connaître les limites, donner l'exemple. Ces convictions, je les partage avec mes enfants. Ils sont heureusement sportifs. Les deux plus grands sont venus avec moi en salle de gym et y ont pris goût avant d'y retourner, sans moi… Ça ne les empêche pas de commettre quelques excès de jeunes adultes ou, parfois, de céder à la paresse ; mais le message est passé. Le petit dernier n'a que onze ans : il est encore plus sportif que ses frères.

Prévenir, éduquer, bouger… À chacun, au carrefour de ces besoins, de choisir ce qui convient à son bien-être et, pourquoi pas, de recourir aux médecines complémentaires ; mais elles doivent, comme le suggère leur intitulé, rester complémentaires… Et à chaque praticien, particulièrement au médecin traitant, de porter cette parole tout en faisant preuve de tolérance et d'écoute envers son patient pour mieux dépister et traiter le mal dès qu'il pointe le bout de son nez. Quitte à revoir le cursus des étudiants en médecine que j'estime insuffisamment formés à la prévention et à la psychologie. Car si la médecine requiert une palanquée de connaissances scientifiques, c'est aussi et surtout un trésor d'humanité.

Rendre aux autres

Il suffit à certaines personnes d'apparaître pour impressionner. C'est instantané et on peut y voir les effets d'un magnétisme qui leur est propre.

Mais alors lui…

Lui, la première fois que je l'ai vu, j'ai su qu'il compterait plus que d'autres, qu'il marquerait ma vie. C'était en 1983. À l'époque, je prépare mon internat. Le matin : l'hôpital. L'après-midi : les cours. Le soir : les conférences. Payantes et nécessaires, elles donnent à vivre des moments privilégiés à l'écoute des maîtres de la discipline. Lui en est un.

Chirurgien cardiaque, il excelle à capter l'attention d'une assemblée. Son sourire irradie. C'est un conteur né. Il sait combien la modulation de la voix et la gestion des silences servent le contenu d'un propos par ailleurs étonnamment synthétique. Quand il parle, tu écoutes. Non pas parce qu'il est grand et costaud mais parce qu'il donne envie. Le cours est magistral. L'homme aussi. Quand il évoque son engagement humanitaire avec Médecins du monde qu'il a créé avec Bernard Kouchner, il fait regretter d'avoir boudé la médecine de crise. Quand il monte les marches de l'amphithéâtre, il lui arrive de se retourner soudainement, de fixer l'un d'entre nous et de lui poser LA question sur la conférence précédente. Gare à celui qui ne sait pas répondre, mais qui oserait ? Qui oserait prétendre ne pas avoir retenu l'enseignement de cet as de la pédagogie ? Nous tremblons, mais son sadisme nous est doux. Je crois bien n'avoir jamais été autant concentré que lors de ces séances collectives mâtinées de ce qu'il faut d'originalité pour que nos cortex impriment. Souriant, le voilà qui insiste sur la nécessité, à telle ou telle étape d'un diagnostic, de prévoir un examen particulier. Le mot-clé, celui qui doit figurer dans notre réponse, c'est « biopsie ». Si on oublie de le prononcer, c'est zéro ; et un zéro, ça peut vous achever un étudiant en médecine. « Pas de biopsie, tu meurs », lance-t-il. Un blanc… À chacun d'apprécier le jeu de mots qui sert autant de moyen mnémotechnique qu'à détendre l'atmosphère. Car nous sommes tendus : après quelque six années d'études, le rythme s'est accéléré, faisant filer les heures et se rapprocher l'échéance d'un concours ultra-sélectif. Les places sont chères, la compétition, terrible.

Et lui, il nous galvanise.

Cet homme dont le charisme le dispute à la bienveillance s'appelle Alain Deloche. C'est une célébrité mondiale. Bien avant le règne du numérique, ses cours ont été polycopiés à des centaines de milliers d'exemplaires. Deloche l'artiste qui, avec l'un de ses acolytes, orthopédiste et pianiste, Jean-François Elberg, nous a emmenés plus d'une fois fêter la fin des conférences dans les catacombes de Denfert-Rochereau pour des concerts de jazz improvisés. Deloche et sa voix de chanteur d'opéra. Quand je l'entends au micro d'une radio ou à la télé, aujourd'hui encore, je suis ému.

Un jour, il m'appelle :

– Je monte une ONG consacrée aux enfants et je veux que tu en sois membre fondateur avec moi.

Refuser n'est pas une option. J'accepte, évidemment, flatté et heureux de défendre à ses côtés la cause des enfants.

Depuis 1994, je suis donc membre du conseil d'administration de La Chaîne de l'espoir. Initialement centrée sur la cardiologie, l'ONG multiplie aujourd'hui les initiatives dans le respect de sa mission de toujours : faire venir en France, pour les opérer, des enfants qui, faute de soins là où ils habitent, en Asie ou en Afrique, vont mourir. Ce sauvetage médical personnalisé se complète d'une attention portée aux suites opératoires, plus ou moins longues, dans des familles d'accueil que nous sélectionnons rigoureusement. Et surtout former des chirurgiens pour qu'ils puissent opérer dans leurs pays d'origine et monter des structures hospitalières sur place.

Madagascar, le Cambodge, le Vietnam... Dès que c'est possible, je pars sur le terrain au chevet de cette détresse humaine que, curieusement, tempère le charme de ces petits nés sous d'autres latitudes. Je ne m'habituerai jamais à les savoir dans le dénuement sanitaire à quelques heures d'avion de notre pays. Quand, à l'hôpital de Tananarive, je constate la vétusté des installations que doivent se partager vingt-huit millions de Malgaches, je ne peux m'empêcher de penser que nous sommes à quatre-vingt-dix minutes de vol de l'île de La Réunion et de tous ses équipements médicaux. De quoi s'interroger sur la réalité de la solidarité internationale...

Mais la quête d'idéal passe par l'épreuve d'un réel miné d'autant de dilemmes et de problèmes éthiques que la fatalité le décide. J'ai, sur mon bureau, les dossiers d'enfants qui souffrent de papillomatose laryngée. Ils ont, sur le larynx, des excroissances qui peuvent les étouffer. Avec La Chaîne de l'espoir, nous ne pouvons faire venir en France que des enfants que nous sommes sûrs de pouvoir guérir. Or cette pathologie est récidivante, parfois fatale. Combien de dossiers refermés pour cette raison ? J'en ai donné, des coups de poing sur mon bureau, tant cela me mettait en rage. Savoir sans pouvoir agir. Agir mais avec parcimonie. S'il nous est impossible d'éradiquer la souffrance de la planète, notre action n'en fait pas moins l'admiration de tous. Elle se maintient par les bonnes volontés qui s'y succèdent, à commencer par celle, fondatrice, d'Alain Deloche.

Aurais-je pu, comme lui ou Kouchner, être l'un de ces *French Doctors* qui firent merveille d'humanité dans les années 1970 ? J'en doute, au su de ce que ce genre de choix de carrière suppose de renoncements et requiert d'énergie. La leur m'a toujours ébloui. Alors vous imaginez ma surprise et pour tout dire ma gêne quand, dans l'émission de télé « La Parenthèse inattendue », on me balance, sans que j'aie été prévenu de son contenu, une interview d'Alain Deloche qui estime que « l'élève a dépassé le maître » ! J'en ai pleuré. Merci, Professeur, merci, mais... Si je ne saurais refuser un compliment, je dois à la vérité de rappeler que celui-ci me vient de l'homme que toute l'Afrique appelle « l'éléphant blanc » ! Immense Alain Deloche, mon mentor. Et sans doute le dernier mandarin.

Tout en restant fidèle à La Chaîne de l'espoir, je m'implique dans deux autres associations : Enfance Majuscule et Sparadrap.

D'Enfance Majuscule, je suis le fier parrain. Il est ici question d'aider les enfants en danger de maltraitance psychologique ou physique. La tâche, infinie, privilégie la prise en charge pluridisciplinaire ainsi que le prône Patricia Chalon, psychologue-psychothérapeute et présidente de l'association créée par sa mère, Simone Chalon, à laquelle elle a succédé. Mère et fille ont réussi, en pionnières, à attirer l'attention sur la nécessité de protéger les plus fragiles, de les accompagner dans leur parcours psychologique, judiciaire et administratif. Chapeau bas à cette amie parmi les plus anciennes et les plus solides, à laquelle me relient d'autres aventures puisque nous avons confronté nos visions de l'amour, du désir et du plaisir (les siennes, féminines, et les miennes, masculines) dans un beau livre intitulé *Sur l'amour*.

Le sort de l'enfance est aussi la préoccupation de Sparadrap, une association créée par Françoise Galland et Daniel Annequin qui œuvrent à dédramatiser l'hospitalisation des enfants et à atténuer la douleur des soins. Ils publient des fascicules illustrés qui expliquent aux petits leurs parcours thérapeutiques. À charge pour les parents et les proches d'en reprendre les mots, clairs et apaisants, car tout ce qui contribue à réduire l'anxiété du patient, surtout quand il est jeune, augmente les chances de guérison. À l'endroit de Françoise et Daniel, j'ajoute mes remerciements à ceux de ces enfants dont il n'est pas rare que, devenus adultes, ils aillent à leur rencontre pour les remercier...

Le principe du parrainage consiste aussi à se servir de sa notoriété pour doter ces associations de moyens sans lesquels elles seraient dans l'impossibilité d'agir. Cela m'a valu de « faire le beau » à « Fort Boyard » ou « N'oubliez pas les paroles » lors d'émissions spéciales destinées à récolter des fonds. Chanter ? Affronter tigres et rats ? Même pas peur ! Je l'ai fait pour la bonne cause et dans la bonne humeur... Comme le dit joliment la chanson, au fond, *J'aurais voulu être un artiste...*

Tant d'activités ne sauraient se déployer sans que subsistent des doutes, sans que surgissent des cas de conscience, sans que soit relevé un faux pas ou qu'émergent des reproches. Dans ma jeunesse, il m'est arrivé de collaborer avec des agences de communication. Je le faisais avec la sincérité et le sérieux de qui veut informer sur tel ou tel produit médical. Erreur ! N'étant pas passé par une école de journalisme et n'ayant pas perçu combien le mélange des genres est sensible, le médecin que je suis n'avait pas assimilé cette réalité : le journaliste considère le communicant comme son pire ennemi ! Fort de cette mise au point, j'ai retenu la leçon et mis un terme à ces collaborations. Je me souviens aussi de cette chronique sur la maladie d'Alzheimer à propos de laquelle j'avais bêtement parlé de « maladie à la mode ». Aucune excuse. Mais je reprends à mon compte, ce vieil adage : « Qui trop embrasse mal étreint. »

Je sais admettre une erreur. En revanche, j'ai un peu de mal avec celles des autres dès lors qu'elles témoignent d'une mauvaise foi et d'une volonté de nuire. D'où les procès que j'ai engagés – et je continuerai à le faire – contre des marques qui ont utilisé mon image sur Internet pour des pubs mensongères à propos de produits amaigrissants. Je me suis même retrouvé à la une d'un faux *Dr Good*, diffusé par un voyou serbe : son escroquerie s'est écoulée à plusieurs dizaines de milliers d'exemplaires, en kiosque ! C'est un spécialiste du plagiat. D'autres titres ont été victimes de ses magouilles.

Je sais mon image publique mais je déteste en perdre le contrôle. À cet effet, je dispose d'un système de veille performant qui repose sur la vigilance de mon frère Franck et celle d'une poignée d'amis. Quand ils repèrent quelque chose de suspect, ils me préviennent. Si besoin, j'appelle mon avocat, même si le mal est fait et contamine déjà les réseaux sociaux sur lesquels ambitionner d'avoir prise relève de la plus illusoire des chimères. En retour, je fais souvent part à cette garde rapprochée des propositions qui me sont faites. J'aime la tester, en parler avec elle, recueillir son avis, avant d'accepter ou de refuser. Ce besoin de contrôle ne relève pas de la pathologie ; c'est la condition de ma crédibilité. Je pourrais me contenter de n'être qu'actionnaire de *Dr Good* et déléguer le contenu éditorial. Ce serait une faute. J'ai donc souhaité connaître les journalistes, les chroniqueurs et les médecins que nous avons embauchés. Je relis systématiquement le « chemin de fer », le plan du journal, ainsi que les articles. En outre, j'exige de valider les publicités. Il m'est arrivé de retoquer certains annonceurs, petits et grands, dont j'estimais qu'ils mentaient sur l'efficacité de leurs produits. C'est à ce prix que je respecte les clauses contractuelles comme celle qui me vaut de figurer systématiquement en couverture du magazine.

Jusqu'ici, ces exigences me réussissent. Mais je connais cette expression de l'Antiquité romaine, citée par Mirabeau lors de l'Assemblée constituante de 1790 : « Il n'y a pas loin de la roche Tarpéienne au Capitole. » Autrement dit, les honneurs n'empêchent pas la chute. On a vite fait de passer de la gloire à la déchéance. Jamais dupe du côté éphémère de l'écume des choses, j'ai réussi à force de travail, j'ai gagné la reconnaissance et la fierté de mes parents et pour vous dire à quel point cela me bouleverse, sachez qu'un jour, au gymnase Japy, j'ai brandi cet exemplaire du *Journal du dimanche* qui me classait parmi les personnalités préférées des Français. Geste symbolique accompli en un lieu de sinistre mémoire pour notre famille comme pour signifier l'achèvement d'un cycle, l'accomplissement d'une vie, le bouclage d'une *remontada* sociale voire politique et historique.

Tout cela est symbolique, personnel, futile et mouvant. J'en conviens. Tout comme je conviens que l'engouement des Français puisse être volatile. Si je ne figure plus dans le classement du *JDD* ou dans celui du *Figaro TV*, c'est sans doute qu'ils me font payer quelque chose. L'éventail des possibilités est largement ouvert : ma longévité, mon omniprésence médiatique, mes propos pendant la pandémie, mes avis tranchés, le *bashing* des réseaux sociaux, j'en oublie sans doute…

Au fond, tout cela correspond à ce que j'ai ressenti car il a pu arriver que j'en aie marre de moi ! De là à me détester, il y a un pas que je ne franchis pas, pas plus que cette fidèle téléspectatrice dont la subtilité me séduit : « On regarde ses émissions parce que c'est comme un amoureux. On se dit qu'il va changer, qu'il va redevenir comme au début. » Joli. Touchant. Ce témoignage, je le garde en mémoire, même si « l'amoureux » n'a pas l'impression d'avoir changé ou dérogé à ses premières obligations : informer et conseiller au profit d'une meilleure santé publique.

Amoureux, oui, de tout ce qui contribue à embellir la vie, à commencer par l'amitié. Ce sentiment réciproque d'affection qui me lie au public ou guide certains de mes choix humanitaires, je le vis aussi avec mes proches dont la présence, à mes côtés, m'est vitale. Cette nécessité m'est apparue dans toute sa prégnance lors de la pandémie qui nous a contraints à ne nous voir qu'en visio. Tout manque de saveur quand on ne s'embrasse plus, quand seul l'écran est tactile…

De l'amitié, il est ardu de comprendre le ressort. Pourquoi untel plutôt qu'untel ? Je n'ai pas l'impression d'avoir choisi d'être ami avec ceux que j'aime. Nous sommes amis, c'est tout. À chaque fois, le rapprochement s'est imposé à moi, fruit d'une alchimie dont les mystères m'échappent et peut-être m'indiffèrent. Je pourrais m'en tirer en plagiant la formule de Montaigne à propos de La Boétie – « Parce que ce sont eux et parce que c'est moi » – mais ce serait passer outre la spécificité de chacun. Les recenser jusqu'à l'exhaustivité n'aurait pas de sens, je risquerais d'en oublier.

Comment empoigner ce sujet, si délicat, de l'amitié ? Oui, délicat : l'amitié me tient à cœur, me touche et j'éprouve quelque vertige à me lancer dans l'exégèse de la mienne. Je n'entrevois donc d'autre issue que de m'en remettre à Aristote. Cette figure de l'Antiquité – fils de médecin, ce qui ne gâche rien – distingue trois types d'amitiés : l'utile, l'agréable et la vertueuse.

L'amitié utile est fondée sur l'intérêt. Est-ce le type d'amitié que j'entretiens ? J'en doute. Même si j'ai conscience que certaines amitiés ont pu naître, parfois, d'une démarche intéressée, la mienne ou celle d'autrui. La notoriété peut rendre naïf. Elle impose de rester lucide sans tomber dans la paranoïa. Un *selfie* ne scelle pas une amitié. Il est souvent arrivé que des journalistes de la rédaction du « Magazine de la santé », de retour de tournage, me disent :

– Tiens, untel te salue, il m'a dit que vous étiez les meilleurs amis du monde à la fac !

Blanc dans mon cerveau… Je sais bien que j'ai une mémoire de poisson rouge mais tout de même…

L'amitié agréable, elle, repose sur le plaisir. Voilà qui commence à me plaire ! Mes relations amicales ne sont que plaisir vécu dans le partage. Mais le plaisir peut aussi se savourer sans que l'amitié y soit pour quoi que ce soit. J'auréole l'Ami d'un éclat et d'une puissance bien trop grande pour le réduire à des moments de plaisir qui, comme chacun sait, ne résument pas nos existences. L'amitié, la vraie, résiste aux épreuves.

Le troisième type d'amitié vanté par Aristote, l'amitié vertueuse, est invariablement présenté comme le plus rare et le plus exigeant. Je crois que nous y sommes ! Je sens là quelque chose de durable, d'indestructible, qui ressemble au lien que j'entretiens avec mes amis. Et je me réjouis d'apprendre que pour Aristote, la vertu n'est pas une qualité morale mais ce qui porte quelque chose à sa perfection.

En quoi ma relation avec mes amis serait-elle parfaite ? Pour tenter de répondre à cette interrogation, je jette sur la table, pêle-mêle, toutes les vertus que distinguent la philosophie grecque classique, le judaïsme, le christianisme, la maçonnerie et, soyons œcuméniques, le scoutisme ! Ce qui nous donne : le courage, la prudence, la tempérance, la justice, la foi, l'espérance, la charité, la tolérance, la bienveillance, la solidarité, la franchise, le dévouement, la pureté ! Je ne me vois pas, sur ces bases, distribuer des diplômes de vertu à mes amis – ils savent, ils se reconnaîtront – mais je sais que chacun de ceux auxquels je pense et qui constituent ma garde rapprochée répondrait à ma demande si j'avais à solliciter son courage, sa prudence, sa tempérance, etc. Ces amitiés sont indissolubles. D'elles, je suis certain. Elles ont traversé le temps, amplifié les succès, amorti les échecs. Nos fidélités, la mienne, les leurs, jamais ne se sont trahies. Mon histoire traverse celle de mes amis. La leur enrichit la mienne. Nous menons tous ensemble une conversation qui, au fond, s'essouffle d'autant moins que, présent dans les médias, disponible au téléphone, je suis en permanence sous leur regard. Ils me scrutent, m'écoutent, me lisent. Ils veillent. L'amitié n'étant pas la complaisance, elles et ils expriment librement leurs remarques…

En faut-il, du courage, de la tempérance, de la pureté, de la franchise ou je ne sais quoi d'autre pour, s'ils estiment que je prends un centimètre de périmètre crânien, savoir me remettre énergiquement à ma place ? Ils en ont.

En faut-il, de la charité, de la bienveillance ou que sais-je encore pour m'écouter jouer du saxo ou chanter à tue-tête et surtout en rire ? Ils en ont aussi.

En faut-il, de la tolérance, pour maîtriser l'art de s'engueuler et de s'esclaffer comme dans un film italien ? Ils en ont encore.

En faut-il, de la foi, pour qu'ils croient en moi autant que je crois en eux ?

Mes amis collectionnent les vertus ! Voilà. Et comme qui se ressemble s'assemble… Souriez… Blague à part, ils savent pouvoir en attendre autant de moi.

Certes, la solitude peut me convenir. Si la tristesse ou la mélancolie m'étreignent au détour d'un accident de vie, d'une déception, d'une incompréhension, je n'en parle pas. Je sors, je marche, me requinque intérieurement. Pouvoir descendre au fond de soi est une force dans un monde étourdissant d'images, de paroles et de sons. Pour le reste, j'aime les aventures en groupe, comme si je cherchais à prolonger une enfance heureuse, comme si m'éloigner du monde me mettait en danger, comme si en perdant « mon public » (je le nomme ainsi sans pour autant considérer qu'il m'appartient), je me perdais un peu moi-même. J'aime ma bande, sa vivacité, la diversité des intelligences qui la composent et l'humour dont elle fait montre en permanence. L'important n'est pas tant ce qu'on fait mais avec qui on le fait. Challenges sportifs, voyages découvertes, déjeuners, dîners, balades au marché ou shopping, bricolage ou cuisine, à la mer, à la montagne, à la campagne, peu importe du moment qu'on le fait à plusieurs. Parfois même, on ne fait rien. Mais on le fait ensemble. Et on est bien. Dans une chaleur égale.

Quel privilège ! Compte tenu de mon histoire familiale, je le reçois comme un cadeau de la vie, une résilience qui me fait chaud au cœur. L'amitié qui s'y greffe, c'est du boulot, certes. Mais je m'intéresse aux autres depuis toujours ; c'est dans l'esprit du *toubib* et dans les gènes du *not toubib*... Et pour entretenir la flamme, rien ne vaut le bonheur de vieillir ensemble, d'entasser les souvenirs, à en pleurer de rire, tout en veillant à envisager d'autres projets professionnels, personnels ou collectifs, manière de ne jamais en finir avec notre jeunesse.

Sport et JO

Si j'avais le temps, j'irais volontiers m'allonger sur le divan d'un psychanalyste pour comprendre à qui ou à quoi je dois ma passion du sport. Dois-je y voir une façon de me rapprocher un peu plus de mon père ? Ce qui est sûr, c'est qu'il a toujours aimé l'effort physique. Plus jeune, il courait régulièrement, par tous les temps. Aujourd'hui encore, il chausse volontiers les baskets pour quelques hectomètres voire kilomètres qu'il couvre à l'allure qui convient à son grand âge. Je n'ai, à l'inverse, aucun souvenir semblable de ma mère qui, au demeurant, avait d'autres qualités. Pour les femmes de sa génération, le sport était prioritairement affaire masculine et il est heureux qu'à présent les choses aient évolué en faveur de l'éclosion du sport féminin.

D'aussi loin qu'il me souvienne, mon goût du sport se confond avec celui de l'amitié. Si cette dernière s'épanouit notamment dans le partage, autant y inclure l'effort, la douleur, les bobos, toutes choses qui donnent à entrevoir la vérité des êtres si constitutive du lien amical. Jadis, on mélangeait son sang. J'aime l'idée qu'aujourd'hui on puisse sceller une amitié dans la sueur. Expérimenter sa propre souffrance, c'est alors comprendre celle de l'autre et se reconnaître en lui. Mais la pratique du sport n'est pas que souffrance. Elle procure aussi mille bonheurs. D'abord ceux, immédiats, dus à la sécrétion de neurotransmetteurs comme la dopamine et l'adrénaline qui, pour parler vulgairement (au sens étymologique du terme), vous maintiennent en forme. Et ce bain d'endorphines, morphine naturelle, qui vous permet de vous dépasser. Ensuite ceux, plus prospectifs, qui décuplent nos chances de vivre dans un corps sain qui nous accompagnera le plus longtemps possible dans le meilleur état possible. Il n'existe pas, en la matière, d'assurance vie mais la conscience qu'un comportement vertueux augmente les chances de déjouer l'accident de santé. Y compris celui, fatal, qu'on appelle la mort !

Mais ai-je vraiment besoin de savoir d'où me vient cette passion ?

Ce dont je suis convaincu, c'est que le temps file tellement vite qu'une ou deux heures de sport chaque fois que mon emploi du temps me le permet me sont vitales. Ce besoin remonte à loin. Déjà, à l'école, je me faisais une joie de suivre les cours d'éducation physique ainsi qu'on les appelait à l'époque. Mais j'en étais vite revenu. Déçu par leur contenu et leur manque d'intensité, j'avais éprouvé le besoin de compenser au point de tout essayer ou presque. Méthodiquement. D'abord le judo, puis l'équitation, puis le jogging et bien sûr le football. C'est la magie de ce sport d'être en mesure de happer le premier enfant qui passe, quelle que soit son origine, sa couleur de peau, son pays, son continent, sa culture. Faites rouler un ballon devant lui, il aura le réflexe de taper dedans avec le pied. Les règles de ce sport sont en outre d'une simplicité confondante. Ajoutez-y l'esprit collectif censé l'animer et vous avez tout ce que j'aime, aimerai toujours et ai toujours aimé, ma chance ayant consisté en la proximité, dans le 18e arrondissement de mon enfance, de moult stades où j'ai le souvenir d'avoir passé de longues et belles heures pour, tout à tour, jouer ou regarder les autres jouer.

Mon premier club de cœur est le Red Star, installé à Saint-Ouen, dans la banlieue nord de Paris. Ce club est presque aussi vieux que le football puisqu'il voit le jour en 1897 et devient professionnel en 1932. La seule évocation du stade Bauer – du nom de ce médecin juif résistant exécuté en mai 1942 au Mont-Valérien, ce qui pour moi ajoute à l'aspect romanesque des choses – me fait frissonner ; même si l'enceinte ne peut accueillir que quelques milliers de passionnés. J'y ai vécu mes premières émotions y compris celle, désagréable, de comprendre que, manquant de « coffre », je n'étais pas taillé pour envisager une carrière de footballeur. Hélas !

C'est ainsi, la fée du foot ne s'est pas penchée sur mon berceau. En revanche, celle de la passion du foot est tombée dedans et m'a embrassé. Au point d'aiguiller certains choix professionnels. Savez-vous pourquoi, en sixième année d'études, je choisis le Samu 75, rattaché à l'hôpital Necker-Enfants malades ? Pour m'assurer de pouvoir aller au Parc des Princes régulièrement, comme toubib ! Stratégie, toujours, lorsqu'au sortir de l'adolescence, en 1974, je m'inscris à un club de photo amateur. J'aime la photo. Mais j'apprécie aussi qu'à titre de membre me soit délivrée une carte, sésame que je plastifie immédiatement. La carte est en effet barrée de bleu, de blanc et de rouge ; comme une carte de presse ! À une époque où les mesures de sécurité et les contrôles n'étaient pas ce qu'ils sont devenus, il me suffit, appareil photo en bandoulière, de la présenter avec aplomb, sans vaciller, pour franchir quelques barrages. Et voilà comment, une fois dans le stade après avoir acheté mon billet pour les virages – les places y sont moins chères –, j'accède régulièrement à la tribune de presse, tout à mon plaisir de côtoyer les grandes signatures de l'époque comme celles de feu le magazine *Miroir du football.*

Aujourd'hui, le Parc de Princes est plus que jamais ma maison. J'y ai ma place attitrée car je me fais un devoir de régler mon abonnement chaque année. J'y vis systématiquement des heures exceptionnelles. Qu'elles soient glorieuses ou désespérantes. De ce stade, j'aime avant tout l'architecture. Le parc est fermé, comme ramassé sur lui-même. Il favorise l'entre-soi d'*aficionados.* La rumeur y circule en circuit fermé et, quand elle enfle puis explose, la cavité de béton brut joue les caisses de résonance, amplifiant les vibrations. Je sais gré aux dirigeants du Paris-Saint-Germain – dont vous avez compris que je le supporte de toutes mes forces – d'avoir résisté aux sirènes dionysiennes qui rêvaient de l'attirer au Stade de France, géant architectural sans doute, réussite esthétique à n'en pas douter, lieu historique depuis un certain 12 juillet 1998 il va sans dire, mais froid, si froid, si peu adapté à la passion, la ferveur, l'esprit de fraternité qui vous anime entre vacarme et fureur, quitte à devoir regretter certains excès franchement insupportables ou le déploiement de banderoles d'un goût douteux… Je devine que je ne me reconnaîtrais pas si je me voyais sauter, hurler, râler, insulter, bénir, prier, sans retenue aucune, dans cette communion conviviale qui vous fait étreindre le plus parfait des inconnus au prétexte que c'est votre voisin de siège ! Magie du lâcher-prise, des émotions primaires, libératrices, irrationnelles… La passion transcende, la passion transforme. Pensée pour un sage, Albert Camus : « J'ai appris au football, comme dans la vie, que la balle ne vient jamais du côté où l'on croyait. » Et avec l'âge, ça ne s'est pas arrangé. Ma passion d'homme mûr est comparable à celle que je revis, les yeux fermés, lorsque le 4 juin 1974, « mon » équipe bat Valenciennes et monte enfin en première division. Je voue une reconnaissance éternelle à l'entraîneur d'alors, Just Fontaine, dont je me remémore l'émoi au coup de sifflet final : il était au bord de la crise cardiaque ; heureusement, il récupère vite… J'aime à penser qu'il a vraiment porté chance au club qui n'a, depuis, jamais quitté l'élite du football français.

Nous avons tous un petit Panthéon personnel dans un coin du cortex. Dans le mien, Just Fontaine figure en bonne place. Et il n'est pas seul. S'y côtoient David Ginola, Lilian Thuram,

Kylian Mbappé, Zinédine Zidane – « Aux grands footballeurs la Patrie reconnaissante » – ou encore Antoine Kombouaré, surnommé « Casque d'or » parce qu'un soir de 1993, d'un coup de tête, il permit au Paris-Saint-Germain d'éliminer le Real Madrid de la plus prestigieuse des coupes européennes et nous offrit une clameur inoubliable. Le grand joueur a d'ailleurs accouché d'un entraîneur du même bois puisque, à l'heure où j'écris ces lignes, il remporte la Coupe de France avec le Football Club de Nantes. Tous ces hommes sont en photo dans mon smartphone ou ma tablette ! J'ai, face à eux, des postures de gamin, de groupie. J'assume ! Je m'étonne encore qu'Antoine Griezmann, que je croise un jour à un déjeuner, se lève pour venir me saluer. Imagine-t-il à quel point j'en suis touché ? Ignore-t-il que, de nous deux, le seul susceptible de s'incliner devant l'autre, c'est moi ? Et Didier Deschamps ? J'admire sa capacité à relever les défis, sa volonté de gagner quoi qu'il en coûte. Je m'excuserais presque de l'avoir un jour battu… à la pétanque ! Il en a maugréé ; j'ai alors compris combien le patron des Bleus abhorre la défaite. Pour notre bonheur de supporters… Et Michel Platini ? Je le tiens pour l'homme qui a déniaisé le football français, ce football qui a mis tant d'années à faire sienne cette culture de la gagne qui peut fédérer un pays et ragaillardir les amoureux des Bleus qui, comme moi, connurent tant d'humiliations et de déconvenues. Quand il présidait l'Union européenne de football, il me fit l'honneur de m'écouter car j'entendais lui soumettre une idée révolutionnaire : peindre les buts en rouge pour faciliter les tirs ! Mon argument : les poteaux de foot sont blancs et, de ce fait, peinent à s'imposer dans le champ de vision du joueur. Il trouva l'idée originale mais, au nom de l'universalité du football, difficile à imposer dans toutes les compétitions, pour tous les clubs du monde. N'empêche, je ne désespère pas de voir un jour mon rêve – encore un – se réaliser. Ce serait ma contribution à la légende de ce football que j'aime tant et dont je vénère les figures les plus emblématiques, de Pelé à Messi en passant par Cruyff, Ronaldo et quelques autres. Une réserve, cependant. Maradona. Je ne saurais nier ce dont ce magicien était capable balle au pied mais sa déchéance diluée dans la drogue raconte toutes les dérives d'un corps en mal d'efforts. Sans doute est-ce là le médecin qui tique…

Reste l'essentiel : je dois au sport d'infinies émotions. Elles ont ceci de particulier qu'elles débordent souvent du cadre purement sportif comme quand j'assiste à la finale du 100 mètres des Jeux olympiques à Londres en 2012, bouche bée, en état de sidération devant la performance d'un Usain Bolt qui repousse sans cesse les limites du corps humain. Jusqu'où ? Elles peuvent être d'une autre nature, plus amples peut-être, quand je pense à la portée de ce que réalisa Jesse Owens à Berlin en 1936, défiant au passage la plus funeste des dictatures. Face à de tels épisodes, pour moi, le sport et la puissance émotionnelle qu'il charrie touchent au mystère. Et même dans le désespoir d'une élimination comme celle endurée à l'hiver 2022 par le Paris-Saint-Germain face au Real Madrid de Karim Benzema en Ligue des champions, je trouve du grain à moudre. Comment, après avoir parfaitement maîtrisé son sujet durant 151 minutes, une équipe peut-elle s'effondrer en 17 minutes ? J'ai une conviction : on ne s'occupe pas assez voire pas du tout de ce qui se bouscule dans la tête des combattants des pelouses. Le club n'a pas de psy, pas de préparateur mental. La prise en charge des émotions n'est pas assurée. Quand on pense aux millions investis pour décrocher un titre européen qui tarde à venir, je ne m'explique pas que l'on ne consacre pas un minimum de moyens à l'accompagnement des joueurs, dans la victoire comme dans la défaite. L'une et l'autre doivent être gérées dans la perspective du match d'après. Cette déconvenue – qui nous en rappelle une autre face à Barcelone, la fameuse *remontada* – prouve qu'ils ont besoin de ce type de soutien. Les plus grands managers du monde économique consultent des psys. Le football professionnel devrait s'en inspirer…

Gamin, je ne loupais pas un seul « Stade 2 ». Adulte, j'adore multiplier les expériences sportives pour mes propres émissions… Je ne me fais donc pas prier lorsqu'un jour m'est offerte la possibilité de vivre un galop à Maisons-Laffitte. Résumé de l'affaire : jockey d'un jour, peur de toujours ! Je monte un crack qui, dans la ligne droite qui me semble interminable, prend sa plus belle vitesse. Soudain, le cheval qui me précède fait un écart. Le mien s'emballe. Une fusée. Accroché à la crinière, aux rênes, à ce que j'ai sous la main, je me répète alors le conseil entendu quelques minutes auparavant : surtout ne pas sauter mais au contraire tenir, tenir et encore tenir pendant le galop, instable sur une boule de muscles et – c'est moi qui ajoute cette précision – attendre que ça passe ! Une éternité. Inoubliable.

Acteur ou spectateur, toubib ou animateur, j'aime tous les rôles. Je les trouve ludiques. Cela me renvoie à mes premiers souvenirs, rue Myrha, et à l'invitation de mon frère ou d'un copain :

– Allez, on joue ?

Aujourd'hui, une arthrose au genou réduit le champ du possible. Elle m'a fait renoncer au jogging – après trois marathons, quand même ! Il faudra bien que je m'en occupe un jour, le plus tard possible car la convalescence impose une immobilité de plusieurs semaines. Supporterai-je une telle contrainte ? Les jambes doivent suivre certes, mais ce qui se joue dans la tête est tout aussi important. Je l'éprouve à chaque fois que je monte sur mon vélo et me prends pour le Laurent Fignon que je ne serai jamais. Ce plaisir exigeant et doux qui consiste à pédaler, je dois de l'avoir découvert à mon épouse qui, à la veille de mes cinquante ans, reçoit un coup de fil de nos amis :

– Demain c'est l'anniversaire de Michel, on fait la fête mais on ne sait pas quoi lui offrir, il a tout !

– Offrez-lui un vélo, ça lui fera du bien !

Le lendemain, en présence de mes amis réunis à la maison, je me retrouve donc avec un vélo de route dans le salon. En remerciement, on me réclame un discours. J'improvise :

– Les amis, j'accepte votre cadeau mais à une condition : dans un an, on fait le mont Ventoux !

Un éclat de rire général me répond. Et chacun reprend une rasade.

Personne n'y croyait. Sauf moi ! Dans les jours qui suivent, je rameute les proches :

– Je suis sérieux, trouvez-vous un vélo, on commence l'entraînement dimanche prochain !

Et le dimanche suivant, l'entraînement commença dans le joli département des Yvelines par une sortie de cinquante bornes et un maximum de dénivelé. Michel Drucker, dont je sais qu'il pédale depuis toujours et auquel je m'étais ouvert du projet, m'avait prévenu :

– Michel, si tu veux arriver au sommet du mont Ventoux, il faut avaler au minimum deux mille bornes dans l'année et surtout faire des côtes, encore des côtes et toujours des côtes.

Alors on a fait des côtes, pendant un an, tous les dimanches, sous le cagnard, sous la neige ou la pluie, par grand vent ou petite brise et, l'année suivante, on a grimpé le mont Ventoux. Nous étions dix et ce fut une de ces aventures qui marquent parce qu'elles mêlent l'effort et l'amitié, la solidarité et le dépassement. Quiconque parvient au sommet de ce lieu mythique de l'histoire du cyclisme en retire une forme de fierté. Et peu importent les moyens pour y arriver, y compris celui employé par Christophe Brun, mon très proche ami. Christophe est un ancien rugbyman. Le sport de haut niveau, il connaît et en garde de beaux restes. Dans les derniers kilomètres de l'ascension, je suis à la peine, à deux doigts de descendre de mon vélo pour finir à pied. Il le sent, il le voit. D'un coup de pédale, il se hisse à ma hauteur et vous savez ce qu'il me sort ?

– Quoi ? Tu souffres là ? Mais tu te fous de ma gueule ? Le ciel est bleu, le soleil brille, après ça on va s'envoyer des poulets grillés et toi, tu vas me dire que tu souffres ? Glika, elle, elle a souffert ! Glika, oui. Mais toi, ne me dis pas que tu souffres !

– T'es vraiment un enfoiré…

La force m'est revenue. J'ai pédalé jusqu'au sommet où je suis tombé dans les bras de Christophe :

– Merci.

Sinon, à titre personnel, je suis revenu du Ventoux avec une douloureuse hernie discale qu'un passage sur le billard a réparée. L'expérience m'a aidé à comprendre le calvaire insensé que vivent des forçats de la Grande Boucle. Pendant mes années France Info, ayant eu le privilège de suivre plusieurs étapes du Tour de France à bord de la voiture des médecins, j'avais déjà perçu les contours de leur souffrance. J'avais observé les coureurs comme un supporter mais aussi comme un toubib. J'avais eu mal pour eux, partagé leur peine et vu suinter la douleur par tous leurs pores. Je les admire, tous, en dépit des affaires de dopage qui ont pu ternir les exploits de certains d'entre eux. Mais le cyclisme n'est-il pas à présent le sport le plus surveillé ?

Au fond, à travers ces expériences, j'entends pérenniser la théorie du ruissellement par l'exemple : ce que les sportifs de haut niveau réalisent doit nous inspirer. Même si nous ne pouvons prétendre les égaler ni même les approcher, il convient, *a minima*, d'essayer. C'est ce que je m'efforce de faire et vous enjoins de faire. Je crois aux vertus de l'exemplarité et considère qu'il est de mon devoir d'être sain de corps pour prétendre traiter la santé des autres. Cet impératif m'habite depuis mon premier patient. Je veille à ne pas grossir. J'essaie de m'en donner les moyens et me pèse chaque jour. 83 kilos, c'est bien. 82, c'est mieux. Nulle hypocondrie à cela : simplement, je veux pouvoir me regarder sans gêne dans un miroir, redoute qu'émergent des complexes et rejette l'idée de ne pas vieillir en bonne santé. Alors je reste en hypervigilance et adapte ma pratique sportive à mon corps et à mon âge. Avant de le faire publiquement, je tiens ce discours en famille où nous essayons de partager la même envie de demander de vrais efforts à notre corps. Plus qu'une envie, un besoin : j'ai compris cela en constatant que dès que je m'arrête, je me sens fatigué. Mon épouse est sportive. Je ne suis jamais aussi heureux que quand mes deux grands, Romain et Martin, acceptent de m'accompagner pour un week-end sportif où nous passons du canyoning au rafting, du cardio au VTT. Je ne suis pas en compétition avec mes fils mais toujours fier de les suivre. Quant au plus jeune, Élias, il fait onze heures de sport par semaine ! Mordu de foot, il me fait penser à moi, au même âge. Et je suis sûr que même s'il ne se rase pas encore, il y pense chaque matin… J'ai anticipé. Je l'ai prévenu qu'il n'aurait pas forcément l'aisance nécessaire pour faire carrière. Ce discours de vérité me semble essentiel tant je suis effaré par le comportement de certains parents qui, le long des rambardes des stades de banlieue, encouragent leur progéniture en présentant tous les stigmates de l'obsession et de l'aveuglement : ils veulent faire carrière par procuration ! C'est la face sombre du sport : elle peut rendre fou, éloigner de la réalité, conduire à l'irrespect. L'irrespect de soi-même quand on se dope. L'irrespect d'autrui quand on s'en prend à l'arbitre du dimanche matin ou qu'on manipule des gamins venus d'Afrique en leur faisant miroiter une carrière avant de les repousser au prétexte qu'ils ne font pas l'affaire. Entre-temps, l'argent aura bien circulé… Tout cela ferait une belle confession chez le psy, non ? Mais je crois qu'à la place d'une heure avec le bon docteur Freud, je préfère une heure avec Descartes sur le mode « Je sue donc je suis »…

Le 26 juillet 2024. J'ai cette date en tête. Un vendredi. Ce jour-là, on marchera sur l'eau. Sur l'eau de la Seine. Car c'est sur le fleuve qui irrigue la capitale que se déroulera la plus extraordinaire des parades, celle que des milliards de Terriens oublieux de leur fuseau horaire suivent systématiquement, celle qu'attendent 206 nations dont chacune sera représentée par un navire battant son pavillon, celle que fantasment quelque 10 000 sportifs issus de 32 sports – en préambule à 329 compétitions –, celle du plus grand événement sportif de la planète : les Jeux olympiques.

À chaque fois qu'il m'a été possible de le faire, j'ai profité des Jeux pour inviter mes auditeurs dans les coulisses des compétitions. Ce fut le cas en 1992 et en 1996, à l'occasion des Jeux de Barcelone puis d'Atlanta. J'écrivais des chroniques sur les capacités physiques ou l'entraînement des sportifs. Je tentais de répondre à des questions qu'on ne se pose pas toujours. Exemple : pourquoi aucun ou si peu de nageurs parmi les Noirs ? Réponse : les Blancs ont plus de graisse et peuvent mieux flotter sur la surface de l'eau. Ou encore : pourquoi les marathoniens venus des plateaux d'Afrique raflent-ils toutes les médailles ?

Réponse : ils ont plus de muscles, plus d'agilité et peuvent donc courir plus vite. Je précise, histoire de désamorcer tout procès en sorcellerie, qu'il est ici question de génétique et d'épigénétique, le racisme n'ayant rien à voir avec ce constat scientifique sur lequel on ne s'était pas penché à l'époque.

Paris 2024 m'offre une opportunité qui me réjouit. Non pas, hélas !, celle de concourir avec un dossard mais celle de participer – à la fête – pour rester dans l'esprit du célèbre baron. Tout commence lorsque Marie Barsacq, une amie, est débauchée de la Fédération française de football où elle dirige le foot amateur pour endosser la responsabilité du volet « Héritage » des Jeux de Paris, au sein du Cojo, le Comité d'organisation des Jeux olympiques, présidé par Tony Estanguet. L'enjeu est majeur : il consiste à concevoir ce qui restera de l'événement. Un impératif : pérenniser ! Pérenniser les infrastructures qui devront ensuite servir aux scolaires ou aux sportifs amateurs mais aussi et surtout pérenniser un héritage immatériel qui consistera en l'avènement d'une France sportive, d'une France qui se bouge. C'est à ce prix que les Jeux seront réussis et les investissements consentis, utiles. L'effet doit être durable, irréversible. Les Jeux sont un levier, il faut s'en servir pour que la France d'après les Jeux ne ressemble pas à celle d'avant les Jeux : elle doit s'être mise au sport ou, *a minima*, à l'activité physique, et créer ainsi un cercle vertueux qui implique un changement de mode de vie. Car si le sport est bon pour la santé, le pratiquer induit mille choses relatives à notre sommeil, notre alimentation, la qualité de notre système immunitaire et notre résistance face à la maladie, pour ne prendre que quelques exemples. Il y va de la santé publique du pays. Mais qui peut porter ce message ? Marie Barsacq avait sa petite idée…

Un jour, Tony Estanguet me téléphone pour me proposer d'intégrer son équipe. Joie. Surprise. Dès la première rencontre, je tombe sous le charme : l'homme est calme, charismatique, diplomate, bon orateur et ne se départit jamais de son sourire. Ajoutez à cela mon côté groupie devant ce cador du canoë-kayak, discipline où il a régné au long d'une carrière où il s'est couvert d'or et vous comprenez mon émoi. On échange, on discute… Il dit vouloir me confier des responsabilités et me propose un titre prestigieux : Ambassadeur Santé ! Autrement dit, représentant de l'événement pour le domaine qui est le mien et m'a toujours passionné : la santé pour tous et la prévention. Il me demande également si j'accepte d'entrer au conseil d'administration du Cojo. Fierté. Bonheur. Je ne suis plus seulement un passeur ou un vulgarisateur, je franchis un cap et deviens initiateur, voire influenceur ! Ce faisant, je mets un pied dans le monde des politiques puisque je deviens l'un de leurs relais. Le salaire ? Zéro ! Je demande à Tony Estanguet de ne pas me rémunérer pour cette mission afin d'éloigner tout risque de conflit d'intérêts dès lors que mes activités au sein de *Dr Good*, qui prône justement la santé positive et la prévention, sont sources de revenus pour moi. À vrai dire, je n'imagine même pas que ce genre de mission soit rémunéré. Citoyen français, j'ai juste envie de rendre à mon pays tout ce qu'il m'a donné : l'argent, l'éducation, la notoriété.

Je ne suis pas seul. Je représente le collectif Pour une France en forme, présidé par le professeur Gérard Saillant, et travaille avec lui. Regroupant les plus grands noms de la médecine du sport et du sport santé, ce collectif conseille le Cojo. Une injonction résume notre mission : bouger plus ! Sans attendre d'avoir sept ans, sans s'arrêter à soixante-dix-sept ans. En fait, tout se joue entre cinq et onze ans : un enfant actif sera un adulte actif. D'où les trente minutes d'activité physique à l'école. Cette demi-heure peut susciter des vocations qui éloigneront les enfants des écrans qui sont l'une des causes majeures de leur sédentarité qu'ils payent déjà au prix fort (l'obésité et son cortège de plaisirs comme le diabète ou les problèmes articulaires gagnent du terrain) et paieront plus cher encore lorsqu'ils seront adultes. Car si l'ado (dont il convient de noter au passage qu'il a perdu en moyenne un quart de sa capacité pulmonaire en une quarantaine d'années) ne se projette pas, il est temps de l'informer que les complications, notamment cardiaques, se construisent sur le long terme, les habitudes d'aujourd'hui déterminant la santé de demain. Quels adultes seront-ils demain ? Et quels adultes sommes-nous, nous qui sommes censés donner l'exemple ? Tous concernés ! Soyons à la hauteur ! Comme « expert », je n'ai qu'une ambition : faire aimer le mouvement. Pendant toute la fête olympique et paralympique, vous me verrez souvent vous inviter à sortir de chez vous. Tout le monde sera interpellé d'une manière ou d'une autre, des écoles maternelles aux Ehpad, de Dunkerque à Nouméa ! Des agrès germeront dans la ville, le mobilier urbain relaiera le message : le mouvement est libre et gratuit, abusez-en !

Ambassadeur ! Je fais donc partie d'une sorte de gouvernement qui prend des décisions pour le pays et j'en suis honoré. Pleinement conscient de ce que l'on attend de moi, à savoir convaincre ceux qui en doutent encore qu'en bougeant, ils feront immédiatement plaisir à leur corps et amélioreront leur état de santé, éloigneront le risque de diabète, d'hypertension et d'obésité, maladies chroniques et potentiellement mortelles, je sais que rien n'est gagné. Mais je ferai le job pour mériter ma médaille. Je ne rêve pas d'une rue à mon nom. Je me fiche complètement de ce qui restera de moi. La postérité m'indiffère. La vie, c'est ici et maintenant. Constater que quelque chose a changé, que nous commençons à combler notre retard sur les pays du Nord en avance sur nous suffira à mon bonheur. Et surtout, faire en sorte que ce changement d'habitudes, indispensable quand on sait que 90 % des enfants sont inactifs, soit pérenne. *Toubib or not toubib ? Toubib* puissance 2024 et au-delà…

Vieillir

« Vieillir ? Moi ? Jamais ! »

En me livrant au détournement d'un slogan publicitaire qui fit la fortune d'une marque de sous-vêtements thermolactyls, j'entends affirmer que si la pendule tourne pour tout le monde, chacun a la capacité de ralentir le rythme de la sienne. Car il est scientifiquement prouvé que la recherche de connaissances entretient le cerveau et le mouvement, le cœur. Que le second vienne à lâcher et vous êtes mort. Que le premier vous abandonne et c'est votre vie sociale qui s'effiloche jusqu'à vous faire sombrer dans la maladie d'Alzheimer dont on sait qu'elle est toujours incurable mais dont il est possible de retarder l'échéance si d'aventure elle doit survenir. J'ai confiance dans le potentiel génétique des Cymes : Glika a vécu centenaire, mon nonagénaire de père me bluffe par la forme physique et la fraîcheur intellectuelle qu'il affiche et s'il a promis de me léguer sa voiture cabriolet, je me réjouis de constater qu'il n'en ressent pas l'urgence !

Mais la vie est une maladie mortelle. Cela posé, sans contester l'irréductibilité de la mort, je ne me résous à l'envisager que la plus tardive possible et œuvre à cela. Ce fut et cela reste le sens de mes engagements professionnel, médiatique et personnel. L'ayant déjouée après la confrontation avec mon cancer, l'ayant côtoyée à travers la relation avec mes patients et leurs combats gagnés ou perdus, constatant qu'au fond, elle est partout présente tant les violences du monde captent en permanence notre attention et nous rappellent que « l'homme est un loup pour l'homme » (pour citer le philosophe Thomas Hobbes, dans *Léviathan*), j'ai fait de la mort une compagne familière que je m'emploie à tenir à distance. Et pour mener cette lutte permanente, tous les moyens sont bons. J'ai d'abord besoin d'en rire. Je raconte souvent l'histoire du médecin qui annonce à son patient qu'il n'a plus que deux mois à vivre et qui s'entend répondre : « Je choisis juillet et août ! » Une parmi d'autres blagues… Elle témoigne d'un humour noir qui enrobe la détresse d'une preuve de bonne santé mentale. Dans mon esprit, c'est toujours ça de pris à la fatalité. La religion, la foi peuvent-elles être d'un quelconque secours ? Sans doute. Me concernant, je parlerais plutôt de traditions culturelles, de celles qui permettent un continuum, un passage de relais. Néanmoins, j'aimerais ne plus me contenter de fêter Kippour et, par exemple, célébrer plus régulièrement Pessah, la Pâque juive. La dernière fois que mon père l'a célébrée, c'était en 1938… Après, il n'a plus pu ; ou plus cru en rien… Cette attention portée à mes racines s'inscrit dans un souci de transmission. Mes enfants ont bien sûr toute liberté de choisir leur vie mais il est de mon devoir de leur donner un minimum d'outils en rapport avec leur culture et leurs racines. Fait pour valoir ce que de droit, comme il est dit dans les documents officiels…

Le vieillissement s'impose à chacun d'entre nous. À soixante-cinq ans passés, je sais ne pas pouvoir tout entreprendre, je concède à mon corps le droit de s'exprimer, d'avoir un avis sur mes envies, de ne plus vouloir y répondre. Mais le vieillissement se gère. Il n'interdit pas d'additionner les expériences, de défier la frustration. Rien n'est plus désolant que de se dire, au soir d'une vie : « Dommage, j'aurais dû essayer… »

C'est ainsi que par un beau week-end de printemps, j'ai décidé de reprendre mes études. Objectif : le CAP de cuisine ! Depuis toujours, j'aime ce que représente la nourriture, de la terre à la table.

Elle conduit à appliquer des recettes, à inventer, à oser les mélanges. À la belle saison, rien ne m'enchante plus qu'arpenter un marché varois, à m'enivrer de couleurs et de saveurs comme on se gorge de promesses dont je sais qu'elles seront tenues autour d'une table conviviale. L'amitié et le bonheur se conçoivent à la plancha ! Je me sais créatif. Mais j'ai besoin de bases solides. D'où la nécessité de décrocher un diplôme, fût-ce par l'expérimentation d'une méthode pédagogique innovante qui me permet d'être suivi à distance au long de la formation théorique mais également en atelier. Pas plus que d'âge, il n'est d'heure pour apprendre : on peut terminer une sauce gribiche peu avant minuit ou consacrer un dimanche après-midi au secret de l'omelette norvégienne. Je ne plaide pas là pour le bonheur contraint : j'entends juste vous convaincre qu'en dépit d'un emploi du temps démentiel on peut toujours, dès lors qu'on le décide, trouver des créneaux pour se consacrer à ce que l'on aime faire. Et ce diplôme, ce satané diplôme, s'il témoigne de connaissances et d'un savoir-faire, validera mon effort, légitimera mon ambition. La perspective de le décrocher m'oblige à m'impliquer. J'apprécie toujours d'avoir un tel cadre, une carotte, que ce soit un permis à passer ou un examen à réussir… Cela m'évite de replonger dans le « syndrome de l'imposteur » et répond à un besoin de reconnaissance ou d'une forme d'absolution publique. Serait-ce une manière de panser la plaie jamais vraiment refermée de mon échec traumatisant au premier bac ?

Oui, la pendule tourne et je ne veux pas perdre une seconde. Je suis ravi de constater que mon envie d'apprendre est intacte, d'autant qu'elle sous-tend une nécessité vitale : celle de stimuler mon esprit, de nourrir mon hyperactivité. Ne jamais cesser d'apprendre, c'est comme renouveler sa virginité. J'aborde la cuisine en débutant, avec l'œil émerveillé de l'enfant qui songe aux stars de la spécialité, Camdeborde, Constant et Alléno – dont les génies respectifs se complètent – auxquels j'ajoute Juan Arbelaez, le Colombien de trente-quatre ans seulement, prodigieux de créativité. Les regarder et les écouter m'inspire. Mais je sais qu'il y aura un après. Un après-cuisine… Je sens poindre une envie de pain. Pourquoi n'apprendrais-je pas l'art de la boulangerie ? Et l'œnologie ? Ayant la chance, dans le Sud, de produire chaque année quelque mille bouteilles de rosé – fruit de ces vignes offertes par mes amis pour mon mariage –, j'ai commencé à ouvrir le grand livre du vin. *Idem* pour la somptueuse huile d'olive – il faut sept kilos d'olives pour produire un litre – qui raconte si bien notre Méditerranée. Ce produit me bouleverse pour ce qu'il est : l'élixir goûteux d'un arbre symbolique dont je dispose de trois cents exemplaires qui vivront bien après moi.

Je n'ai jamais pu me résoudre à ne pas lutter contre la frustration. Quelle qu'elle soit. Il me faut toujours essayer. Y croire. Mû par cette conviction, j'ai démarré dans les médias. Depuis, je rajoute des couches aux couches, des strates aux strates en illustration, peut-être, de mon hyperactivité mais pas seulement… Car je pense que quand on veut, on ne peut pas toujours mais on se doit d'essayer. Chacun, à son niveau, peut faire un sort à ses frustrations. Me concernant, l'une, majeure, me hante depuis des décennies. Elle concerne la musique. À chaque fois que j'assiste à un concert, je regarde les musiciens avec une admiration teintée de jalousie. Et ma frustration grandit : ils jouent, ils savent jouer, moi pas !

Mais ça, c'était avant…

Avant que surgisse cette interrogation, évidente : qu'est-ce qui t'empêche d'essayer ? Et que s'impose la réponse, tout aussi évidente : rien !

L'idée mûrit. J'ai cinquante-sept ans. Je fourmille de doutes : ayant du mal à me souvenir du prénom des personnes que je croise, j'imagine mal mémoriser les notes de musique inscrites sur une partition. « Encore une lubie de Michel ! » entends-je ici ou là…

Un soir d'été, je dîne avec mon ami violoniste Renaud Capuçon. Quand il joue, je le regarde bouche bée. Les orchestres du monde entier le réclament, c'est pour moi un extraterrestre : il joue sans partition, tout paraît tellement facile… J'ai envie d'essayer. Je m'en ouvre à Renaud :

– Je ne prétends pas devenir virtuose, hein… J'aimerais juste savoir jouer de quelque chose. Tiens, la clarinette, j'adore la clarinette !

– Pour commencer, tu devrais plutôt essayer le saxophone, c'est plus facile.

Renaud ne me décourage pas. Il m'aiguille. Plus question d'en rester à l'envie. Je dois aller au bout. Je loue un saxo et prends contact avec Pierre, un jeune professeur. Premier cours, faire le point. Quel est mon but ? Combien de temps pourrai-je consacrer à l'instrument ? Et surtout, ai-je des notions de solfège ?

De quoi ?

Tout ce que je sais de la musique, c'est qu'il y a des noires, des blanches et *basta* ! Pour le reste, je suis du genre à ne pas capter instantanément la différence entre une clé de sol et une clé à molette. Pierre m'expose l'alternative : soit je joue à l'oreille (la mienne n'est pas ridicule, je suis ORL, non ?) et je n'aurai pas de notes à apprendre mais devrai me contenter de reproduire ce que j'entends et le faire en solo, sans jamais pouvoir jouer avec d'autres musiciens ; soit je combine l'apprentissage de l'instrument et celui du solfège. La seconde option me tente. Mais j'entrevois un embrouillamini de notes à l'endroit, à l'envers, de bémols, de dièses, de croches et de doubles croches qui ne présage rien de bon pour mon cerveau déjà surchargé ! Mon soupir n'a rien de musical…

Alors ?

Alors j'ai relevé le défi. Quelques années plus tard, je suis aux anges. J'ai réussi à maîtriser mon instrument, suffisamment pour pouvoir m'éclater et jouer du classique, de la variété… Mon niveau reste très moyen mais franchement, je m'en fous ! Je ne joue que pour moi. Sans stress. Je ne veux pas être jugé.

Mais un jour Renaud me propose de jouer un morceau avec sa femme, mon amie Laurence Ferrari, excellente pianiste amateur, à l'occasion d'un concert qu'il donne pour ses quarante ans, à Chambéry.

Et je dis oui ! Pour le défi ? Sûrement. Pour m'obliger à répéter, à intensifier ma pratique ? Probablement.

Pendant des mois, je dors mal. Je joue tous les jours le même morceau. Je répète à l'infini *Memory* de la comédie musicale *Cats*.

Le soir du concert, tétanisé, devant mille personnes venues écouter les virtuoses invités par

Renaud, je joue avec le sentiment d'honorer le contrat : ni couac ni fausse note. Mais quel stress ! D'ailleurs, sitôt les dernières notes jouées, je quitte la scène, aussitôt rattrapé par Renaud qui me rappelle à la plus élémentaire des politesses : saluer le public ! Désolé, je n'ai pas l'habitude ! Cet épisode m'a vidé. Éreinté. J'ai mis six mois avant de retoucher mon instrument, me jurant de ne plus jamais recommencer. Mais, le temps d'une soirée, j'ai tutoyé ce songe d'artiste. Grâce à Renaud.

Si je raconte tout cela, c'est parce que je sais qu'à partir d'un certain âge, quand nous titille une envie, qu'il soit question de musique ou d'autre chose, on a trop souvent tendance à se dire : « À quoi bon ? Je n'y arriverai jamais. » Mais c'est faux. Archi-faux. Dès le plus jeune âge, notre cerveau, c'est vrai, perd 100 000 neurones par jour. Mais nous démarrons dans la vie avec un stock de près de 100 milliards de neurones ! Sortez vos calculettes et vous verrez que nous sommes suffisamment équipés pour ne pas nous empêcher de faire ce qui nous plaît, à quelque étape de notre vie que ce soit. Bien sûr, les gestes seront plus lents, les apprentissages demanderont plus de temps qu'à vingt ans mais le bonheur d'avoir essayé et sans doute réussi est incomparable. Il booste l'estime de soi. Le cerveau est un merveilleux organe. Choyons-le ! Entretenons-le !

Stimulons-le ! Nourrissons-le de nouveautés ! Il nous en saura gré et ne nous trahira pas.

J'ai conscience que je ne réaliserai pas tout ce qui me fait rêver. Mais il est un domaine où je ne lâcherai rien : celui qui m'est le plus cher, la médecine. Elle aussi change, évolue, progresse, se modernise. Je m'impose de la suivre. Un praticien vieillissant reste efficace s'il se maintient à niveau tout en faisant confiance à son flair et à son expérience. Pour un chirurgien, je reconnais que c'est plus complexe : il faut du réflexe, de l'adresse, du discernement. En ce qui me concerne, je suis bien plus sûr de mon diagnostic qu'à mes débuts ; je sais ce que j'ai appris. Il y a quelques mois, une amie m'appelle, inquiète que son mari ait des ganglions fixes au cou. Immédiatement, je perçois un risque de cancer lié au papillomavirus. On cherche et mon diagnostic se confirme. Je n'ai bien sûr pas lâché mon patient, bien que je n'aie plus de consultation. Il va bien désormais. Qu'il est bon de se sentir utile, toujours dans le coup ! Mais il faut vivre ces moments dans l'humilité : aujourd'hui comme hier, au moindre doute, je prends l'avis d'autres médecins. Toubib un jour, toubib toujours. Mes consœurs et confrères plus jeunes et moi, nous sommes liés : la fraîcheur de leur curiosité, leur aisance face aux nouvelles techniques, l'atout de mon expérience, tout cela se complète au nom d'une même allégeance aux principes énoncés par Hippocrate dont l'esprit nous fédère à jamais. Et si frustration je dois ressentir, c'est à imaginer qu'il y a encore tant et tant à découvrir, que le champ de la connaissance n'est pas borné, contrairement à nos vies.

Verrai-je, vivrai-je, cette époque où l'on saura soigner et guérir les acouphènes ? J'en rêve. Cette pathologie aux causes mystérieuses, si difficile à expliquer à ceux qui en souffrent, si délicate à appréhender pour le praticien tant la douleur est subjective, fera un jour l'objet d'un traitement qui vaudra, croyez-moi, le prix Nobel à l'équipe qui en aura percé les mystères. Pour avoir croisé tant de patients que cette pollution sonore a fait sombrer dans la déprime, j'aimerais être de ce monde pour l'appliquer. Mais qui percera le secret de ces « bruits fantômes générés par le cerveau lui-même » qui, soudain, devient incontrôlable ? Mieux : qui saura prévenir le mal ? Car en matière de santé publique, tout est d'abord affaire de prévention. J'ai, mille fois, vanté les bienfaits du sport dans la lutte préventive contre le diabète, le surpoids, l'hypertension, l'alcoolisme, le tabagisme, la dépression… Tout est lié, il urge que chacun en soit convaincu : voilà l'une des grandes batailles à mener. Bouger, bouger encore, bouger toujours, manger léger et varié. Imposer le Sport Santé dès le plus jeune âge permet d'alléger le troisième et le quatrième âge, de promettre plus d'autonomie aux personnes âgées, de désengorger les Ehpad où l'on reste assis ou couché alors qu'on pourrait encore trotter et se mouvoir. Tous les médecins doivent relayer ce message, et plaider pour le remboursement de la pratique régulière d'une activité sportive, ce qui bénéficierait en priorité aux plus démunis. En France, on rembourse les consultations médicales et psychologiques ; pourquoi pas l'inscription à un club de sport ? Ce serait faire bon usage de l'argent public et la garantie d'un investissement fructueux à long terme sur les plans sanitaire et financier : plus de mouvement, c'est moins de bobos et moins de bobos, c'est moins de médicaments.

Je me reconnais un côté pénible, voire chiant. Ceux qui, dans mon entourage, allument une cigarette, attaquent un burger ou s'envoient un soda pourraient en témoigner. Sans doute sentent-ils poindre, dans mon attitude ou dans mon regard, une forme de reproche ou de réprobation quand je les vois faire. Il peut même arriver que je me permette une remarque. Je m'efforce alors de ne pas être péremptoire, j'enrobe les choses d'un peu de pédagogie médicale sur les méfaits de tel ou tel comportement sur la santé, y glisse quelques conseils, de la plus diplomatique ou humoristique des manières tant je sais ne pas être exemplaire sur le plan alimentaire. J'ai certes réduit ma consommation de viande, rayé les sodas de ma liste de courses, opté pour des vins de qualité qui se dégustent avec lenteur donc parcimonie, bref, j'ai bémolisé tout ce qu'il pouvait y avoir de rabelaisien en moi, mon côté viandard amateur de bonne chair et d'agapes généreusement arrosées dût-il s'en trouver frustré.

De cette évolution, je me suis accommodé sans mal. Vous dire que je ne carbure qu'à l'eau claire et détourne le regard à la vue d'une belle entrecôte serait mentir. Mais j'ai changé. J'évite les excès. Et le sexagénaire que je suis s'en trouve conforté à l'idée d'augmenter ainsi son espérance de vie en bonne santé.

Longtemps, il fut colporté que manger sainement, faire du sport et éviter de grossir, c'était « bon pour la santé ». Je ne fus pas le dernier à le rabâcher ! À juste titre. Mais ce qui semblait dicté de manière empirique par le simple bon sens trouve aujourd'hui une justification scientifique. Tout tient en un mot : épigénétique.

À propos de ce terme qui passionne de plus en plus la communauté scientifique, faisons un peu d'étymologie.

Le préfixe *épi-* signifie « au-dessus ». L'épigénétique, c'est donc un concept qui nous projette au-delà de la génétique, ce qui, par principe, est révolutionnaire. Car pendant longtemps, très longtemps, la science a pensé que la génétique faisait tout. Que nos quelque 20000 gènes déterminaient notre aspect physique, notre caractère, nos prédispositions et fixaient une bonne fois pour toutes ce que nous étions sans qu'il puisse y avoir grand-chose à faire pour changer. Or l'épigénétique remet en cause cette fatalité des gènes et éclaircit l'horizon de chacun d'entre nous.

Pour simplifier – et pardon aux scientifiques qui me liront mais la vulgarisation passe aussi par la simplification –, disons que 30 % de ce que nous sommes est effectivement génétique. La couleur de nos yeux, celle de notre peau, notre taille et pas mal d'autres fonctions : à cela, nous ne pouvons rien changer.

Mais si nous ne pouvons pas influer sur ce que 30 % de notre patrimoine génétique contient, *quid* des 70 % restants ?

C'est là que vous intervenez ! Là que vous redevenez potentiellement maître de votre destin !

Comparez chaque gène à un interrupteur.

Vous allumez, il est sur *on*.

Vous éteignez, il est sur *off*.

Eh bien, l'épigénétique, c'est aussi simple que cela.

Vos gènes sont pour certains sur *on*, pour d'autres sur *off*.

Et ils passent d'une position à l'autre si vous le décidez ! Votre comportement devient déterminant. Les décisions que vous prenez et qui régissent votre hygiène de vie, vos habitudes, vos excès, vos efforts, vos addictions ont des conséquences positives ou négatives sur votre existence.

Poursuivons dans la simplification.

Imaginons que vous ayez le gène de la musique. Il n'existe pas à proprement parler mais considérons que votre patrimoine génétique peut contenir de quoi vous prédisposer à l'apprentissage de la musique. Si on ne vous met jamais un instrument entre les mains, ce gène ne vous servira à rien. Il restera sur *off*. Personne ne concevra que vous auriez pu faire carrière. Pas même vous. Si vous prenez des cours de piano ou de guitare dès votre plus jeune âge, le « gène » passe sur *on* et, à partir de là, à vous de jouer : un artiste peut éclore !

Autre exemple… Imaginons que vous ayez le gène prédisposant au cancer du poumon lié au tabagisme. Si vous ne fumez jamais de votre vie, ce gène restera sur *off*. Pas de cancer. Si vous fumez, ce gène passera sur *on* avec les conséquences que vous savez.

L'épigénétique permet de moduler l'expression des gènes. Certains vont s'exprimer d'autant plus volontiers que vous les aurez incités à le faire, d'autres resteront silencieux, dès lors que vous les aurez laissés en sommeil. *On* ou *off*, c'est vous qui décidez ! Avec l'épigénétique, votre environnement, lequel dépend très majoritairement de vos actes et de vos choix, devient fondamental. Et, à propos d'environnement, vous pouvez avoir le même raisonnement avec les effets de la pollution ou des toxiques que nous consommons : ils auront un effet direct sur nos cellules et entraîneront des modifications épigénétiques.

On sait aussi que le comportement d'une femme enceinte influe sur la santé du fœtus, non seulement parce que les toxiques éventuels circulent dans le liquide amniotique ou sont transmis par le sang du cordon, mais aussi par l'entremise de modifications génétiques.

Voilà qui pourrait expliquer que des traumatismes, non vécus directement, laissent une empreinte sur nos gènes, empreinte susceptible de se transmettre de génération en génération…

Comme l'écrit la généticienne Ariane Giacobino dans son livre *Peut-on se libérer de ses gènes ?*, « l'épigénétique ouvre ainsi une perspective révolutionnaire dans la conception du vivant. L'Homme dispose d'une emprise biologique sur son propre devenir[1] ». Traduction : vous avez le pouvoir de mettre vos gènes sur *on* ou sur *off* ! Si vous faites du sport – ou au minimum de l'activité physique –, vous allumez tous les gènes qui vous permettront d'augmenter votre espérance de vie en bonne santé. Votre sommeil, votre alimentation, la gestion de votre stress (*via*, par exemple, la méditation), le fonctionnement de votre cerveau, tout peut être maîtrisé.

Presque tout…

Car il est des choses que l'on ne maîtrise pas. Ne serait-ce pas trop simple ? Celui qui aurait un comportement vertueux avec tous ses « bons » gènes en *on* et les mauvais en *off* ne serait jamais malade…

L'enjeu consiste, pour chacun d'entre nous, à mettre toutes les chances de son côté en tenant compte des conseils de prévention énoncés plus haut, conseils auxquels il convient de rajouter que la capacité à se faire plaisir et la constitution d'un réseau social, amical et familial solide s'avèrent des atouts supplémentaires.

Nous n'en avons pas fini avec les perspectives ouvertes par l'épigénétique depuis qu'en 1949

1. Ariane Giacobino, *Peut-on se libérer de ses gènes ? L'épigénétique*, Stock, 2018.

(à l'échelle de l'évolution du savoir, c'était hier) le biologiste britannique Conrad H. Waddington a inventé ce terme. Les scientifiques ont récemment découvert que ces modifications de l'expression des gènes se transmettaient à la descendance ; et je ne parle pas là que des traces de traumatisme. Parents, vos enfants profiteront ou pâtiront de votre comportement et de votre hygiène de vie. Si vous allumez vos bons gènes, ils les recevront allumés. À charge pour eux, ensuite, de ne pas les éteindre en suivant votre exemple.

Héritage

La France est un pays formidable. Certes peuplé de grincheux. Mais formidable. Dans notre pays, la santé a un sens : chacun peut être accueilli, soigné, guéri dans des hôpitaux performants, par des personnels dévoués et compétents, sans avoir à se préoccuper directement du coût de l'acte médical ou de celui, onéreux, de l'hospitalisation (3 000 euros par jour en réanimation). Tout n'est pas gratuit pour le patient mais l'essentiel reste à la portée de tous.

Pendant la crise sanitaire, le « quoi qu'il en coûte » a fait des miracles. La gestion méritoire de l'urgence a permis que nous soyons suivis heure par heure, soignés, vaccinés, donc protégés. Mais elle n'affranchit pas d'une nécessaire réflexion sur l'engagement budgétaire que requiert notre système de santé qui a trop longtemps vécu sur ses acquis et voit se profiler moult défis parmi lesquels celui d'une population vieillissante, celui de la gestion de la fin de vie, celui des déserts médicaux (qui sont avant tout sociaux), celui des abus médicamenteux dont témoigne la prolifération des ordonnances à rallonge... Cependant, à nous regarder, ne nous désolons pas car, à nous comparer, il y a de quoi être réconforté...

La perfection n'existe pas. Mais sa quête doit nous animer. Interrogeons-nous sur la technicité des actes qui prend parfois le pas sur le « colloque singulier » qui met le praticien face à son patient. Préservons la capacité d'écoute des médecins qui regardent leurs patients avec humanité. Impliquons infirmières et pharmaciennes, infirmiers et pharmaciens, toutes et tous aptes à prodiguer les premiers soins, à prescrire des thérapeutiques de base, à renouveler des ordonnances, bref, à alléger les missions des praticiens et à rassurer les patients où et quels qu'ils soient. Mutualisons les moyens, les compétences, les bonnes volontés et les budgets pour aborder un avenir possiblement marqué par d'autres pandémies. Érigeons des passerelles entre la médecine de ville et la médecine hospitalière, soignants et patients ne s'en porteront que mieux. Réhabilitons le médecin de famille dont la quasi-disparition nous prive d'un savoir irremplaçable : la connaissance intime des soucis des uns et des autres, ce trésor. Pérennisons les centres de santé de qualité pour un meilleur suivi de la population à l'heure où les baby-boomers partent à la retraite.

Ces chantiers sont dignes de notre pays, de mon pays, de ce pays où, alors que mes racines étaient enfouies ailleurs, j'ai pu aller à l'école gratuitement, faire de longues études médicales, acquérir des connaissances, les transmettre, successivement *toubib* et *not toubib*. L'un et l'autre voient en la perspective des Jeux olympiques de 2024 de quoi renforcer le goût du pays pour la santé. Quand les patients potentiels auront l'opportunité de vivre en mouvement, quand les soignants seront en mesure de prendre en compte au plus tôt tout ce qui met en danger notre corps et notre esprit, nous gagnerons du terrain sur notre ennemie commune, la maladie.

Je suis optimiste, par nature mais aussi parce que ça bouge. Dans un sondage pour RTL publié au printemps dernier, les Français ont fixé le cap : ils attendent un effort en direction des jeunes et souhaitent que tout soit fait pour réduire les inégalités d'accès à la pratique. Dans un autre sondage, réalisé par Odoxa, 43 % des Français déclarent vouloir faire plus de sport avec une préférence affichée pour la randonnée, la musculation, le running et la natation. Ces activités sont accessibles à tous, ne nécessitent que peu d'équipement, font du bien au corps et favorisent le lien social. Car s'il est d'usage de parler de l'olympisme comme d'une valeur universelle susceptible de rapprocher les peuples, c'est pour mieux traduire que le plaisir, la joie, la fraternisation qui découlent de l'effort ne valent d'être vécus que dans le partage qui les amplifie. Cette obsession du partage m'anime. Je la rêve dans l'action de chacun d'entre nous et, parce que c'est une notion transversale, m'efforce de lui faire honneur depuis toujours. Avec mes premiers patients à Chartres ou le dernier, Éric, à l'hôpital Pompidou, avec les enfants du Sénégal, avec vous, fidèles auditeurs, téléspectateurs, lecteurs, je me suis toujours gardé de parler doctement pour m'efforcer d'échanger, de partager une information, un savoir, un conseil, démarche qui me comblait d'aise dès lors que je la savais utile. Je sais qu'elle a servi, je promets qu'elle servira car je continuerai, sans prétendre à l'exemplarité, à rabâcher ce discours. Ma manière à moi de suggérer à la mort de passer son chemin ? Au moins pour un certain temps ! Quitte à travailler pour le plaisir, quitte à rester « visible ».

À ce propos, je veille à « bien présenter », ainsi que me l'ont toujours recommandé mes parents.

À défaut, mon père pourrait m'engueuler, ma défunte mère, me passer un coup de fil…

Remerciements

À l'hôpital public, à tous ceux qui m'ont formé et qui ont fait de moi le médecin que j'ai essayé d'être.

À Philippe, Jacky, Maurice, Leila, et à tous ces amis de mon enfance que je n'ai pas cités mais qui savent combien ils comptent dans ma vie.

À Pascal Delannoy qui m'a donné ma chance.

À tous les patients qui m'ont fait confiance.

À mon petit ange…

Table

Cet ouvrage a été composé
par Nord Compo à Villeneuve-d'Ascq
et achevé d'imprimer en France
par CPI BRODARD & TAUPIN (72200 La Flèche)
pour le compte des Éditions Stock
21, rue du Montparnasse, 75006 Paris
en septembre 2022

PAPIER À BASE DE
FIBRES CERTIFIÉES

Stock s'engage pour l'environnement en réduisant l'empreinte carbone de ses livres. Celle de cet exemplaire est de :
400 g éq. CO_2
Rendez-vous sur
www.editions-stock-durable.fr

Imprimé en France

Dépôt légal : octobre 2022
N° d'édition : 01 - N° d'impression : 3049146
42-07-7225/6